TROUPES COLONIALES

Justice militaire.

Conseils d'enquête. — Discipline.

Service Colonial.

Volume mis à jour à la date du 1er octobre 1922.

PARIS

CHARLES-LAVAUZELLE & Cie

Éditeurs militaires

124, Boulevard Saint-Germain, 124

(MÊME MAISON A LIMOGES)

TROUPES COLONIALES

Justice militaire.
Conseils d'enquête. — Discipline.
Service Colonial.

Volume mis à jour à la date du 1er octobre 1922.

PARIS

CHARLES-LAVAUZELLE & Cie

Éditeurs militaires

124, Boulevard Saint-Germain, 124

—

(MÊME MAISON A LIMOGES)

Ire PARTIE

Justice militaire.

Décret relatif à l'organisation du service de la justice militaire dans les troupes coloniales (1).

(Direction du Contentieux et de la Justice militaire ; Direction des Troupes coloniales et Ministère des colonies.)

Paris, le 23 octobre 1903.

RAPPORT AU PRÉSIDENT DE LA RÉPUBLIQUE FRANÇAISE.

Monsieur le Président,

D'après l'article 11 de la loi du 7 juillet 1900, portant organisation des troupes coloniales, le service de la justice militaire dans ces troupes doit être organisé par décret rendu sur le rapport du Ministre de la guerre après entente avec le Ministre des colonies.

Au moment du passage des troupes coloniales au ministère de la guerre, ce service a été provisoirement réglé par un décret du 6 janvier 1901, se bornant à laisser, sous certaines réserves, les troupes stationnées aux colonies continuer à relever des juridictions organisées dans ce pays par le décret du 4 octobre 1889. Mais, en même temps, les ministères de la guerre, des colonies et de la marine constituaient une commission interministérielle chargée de procéder à l'étude approfondie, nécessaire pour asseoir sur des bases définitives la réorganisation des deux services de la justice militaire et de la justice maritime dans les colonies. Cette commission ayant conclu à la séparation des deux juridictions, d'un côté, le ministère de la marine a préparé un décret portant règlement d'administration publique destiné à être substitué au décret du 4 octobre 1889 sur l'application du Code de justice maritime aux colonies ; d'un autre côté, les ministères de la guerre et des colonies se sont entendus pour la rédaction d'un décret organisant, à l'usage des troupes coloniales et des autres justiciables du Code de l'armée de terre aux colonies, des conseils de guerre et des conseils de revision permanents, analogues à ceux qui fonctionnent dans les circonscriptions territoriales de la métropole.

C'est ce second décret que j'ai l'honneur de vous soumettre, en vous priant, si vous voulez bien l'approuver, de le revêtir de votre signature.

Veuillez agréer, etc.

---

(1) Modifié par décrets des 29 décembre 1916 et 12 avril 1919.

DÉCRET.

Le Président de la République française,
Vu la loi du 7 juillet 1900 portant organisation des troupes coloniales ;
Vu le Code de justice militaire pour l'armée de terre ;
Vu le décret du 6 janvier 1901, organisant provisoirement le service de la justice militaire pour les troupes coloniales ;
Vu la loi du 25 mars 1873 qui règle la condition des déportés à la Nouvelle-Calédonie ;
Vu le décret du 26 mai 1903 portant organisation du groupement des forces militaires stationnées aux colonies ;
Sur le rapport du Ministre de la guerre, après entente avec le Ministre des colonies,

Décrète :

TITRE Ier.

De l'organisation du service de la justice militaire dans les troupes coloniales.

CHAPITRE Ier.

DISPOSITIONS GÉNÉRALES.

Art. 1er. Le Code de justice militaire pour l'armée de terre est applicable à toutes les troupes coloniales, européennes et indigènes, énumérées dans les articles 4 et 5 de la loi du 7 juillet 1900, ainsi qu'à la gendarmerie coloniale et aux auxiliaires indigènes de ce corps.
Ce Code est également applicable aux milices indigènes visées par l'article 19 de ladite loi, dans le cas prévu par le paragraphe 3 de cet article.

Art. 2. Les troupes coloniales tenant garnison en France et en Algérie sont justiciables des conseils de guerre et des conseils de revision permanents établis dans les circonscriptions territoriales où elles sont stationnées.
Art. 3. Les troupes coloniales et les troupes de l'armée de terre stationnées aux colonies et dans les pays de protectorat autres que la Tunisie relèvent des conseils de guerre et des conseils de revision organisés conformément aux dispositions du chapitre suivant.

CHAPITRE II.

DES CONSEILS DE GUERRE ET DES CONSEILS DE RÉVISION PERMANENTS
DANS LES COLONIES ET DANS LES PAYS DE PROTECTORAT.

Art. 4. Pour l'application de la justice militaire dans les
colonies ainsi que dans les pays de protectorat autres que la
Tunisie, il est établi des conseils de guerre et des conseils de
revision permanents, dont le nombre, le siège et le ressort sont
fixés conformément au tableau annexé au présent décret.

Art. 5. Les conseils de guerre et les conseils de revision
établis conformément à l'article précédent exercent toutes les
attributions dévolues aux conseils de guerre et aux conseils de
revision dans les circonscriptions territoriales, à l'égard de tous
les individus de leur ressort qui sont justiciables de ces tribunaux en vertu du Code de justice militaire pour l'armée de
terre, de la loi du 9 août 1849 sur l'état de siège et de la loi du
24 mars 1897 relative aux hommes exclus de l'armée.

Spécialement, les dispositions de l'article 167 du Code de justice militaire, modifié par l'article 4 de la loi du 27 avril 1916,
sont applicables à ces conseils de revision. Toutefois, le délai
de deux mois fixé par cet article est porté à trois mois et devra
être augmenté, s'il y a lieu, d'une période égale au temps pendant lequel les communications ont été interrompues entre la colonie où siège le conseil de revision et la métropole.

Art. 6. Dans chacun des groupes de colonies institués par le
décret du 26 mai 1903, les attributions dévolues par le Code de
justice militaire aux généraux commandant les circonscriptions
territoriales sont exercées comme il suit : .

1° La police judiciaire militaire est exercée sous l'autorité
du commandant supérieur des troupes qui est tenu de transmettre toutes les plaintes des chefs de corps ou de service et
tous les rapports des officiers de police judiciaire au gouverneur général ou au gouverneur de la colonie principale du
groupe ; celui-ci peut aussi prescrire d'office au commandant
supérieur des troupes de faire établir une plainte ou de commettre un officier de police judiciaire militaire pour une affaire
déterminée ;

2° Pour les justiciables autres que ceux visés au paragraphe 3° ci-après, l'ordre d'informer est donné par le gouverneur général ou le gouverneur de la colonie principale du
groupe dans lequel le crime ou le délit a été commis ou dans
lequel l'inculpé a été arrêté, ou dans lequel se trouve la garnison du corps ou détachement de l'inculpé.

Le gouverneur général ou le gouverneur de la colonie principale ne statue qu'après avoir pris l'avis du gouverneur de la colonie dans laquelle le crime ou le délit s'est produit, et, en outre, s'il s'agit d'un militaire, du commandant supérieur des troupes.

Lorsqu'il donne l'ordre d'informer, le gouverneur général ou le gouverneur de la colonie principale désigne en même temps le conseil de guerre du groupe devant lequel aura lieu la poursuite et il adresse l'ordre d'informer au commissaire rapporteur près ce conseil, qui procède à l'instruction. Le gouverneur qui a donné l'ordre d'informer prend également des mesures pour faire mettre l'inculpé à la disposition du commissaire rapporteur.

Lorsque l'instruction est terminée, le commissaire rapporteur adresse son rapport, avec ses conclusions, au gouverneur dont émane l'ordre d'informer, qui, après avis des autorités mentionnées au deuxième alinéa du présent paragraphe, prononce sur la mise en jugement.

L'ordre de mise en jugement est transmis au gouverneur de la colonie où siège le conseil de guerre, qui saisit le conseil et fait assurer l'exécution du jugement par l'autorité civile ou militaire compétente ;

3° Pour les officiers du grade de colonel et au-dessus, ainsi que pour les commandants supérieurs des troupes, quel que soit leur grade, l'ordre d'informer est donné, sur la plainte adressée par le gouverneur général ou le gouverneur de la colonie principale et après avis du Ministre des colonies, par le Ministre de la guerre, qui désigne le conseil de guerre des colonies ou de la métropole devant lequel aura lieu la poursuite et qui prononce ensuite sur la mise en jugement.

Art. 7. Les conseils de guerre permanents des colonies sont composés conformément aux dispositions des articles 33, 34 et 35 du Code de justice militaire pour l'armée de terre.

Les membres des conseils sont nommés et remplacés par le gouverneur de la colonie où siège le conseil de guerre, sur la proposition du commandant des troupes de cette colonie. Les juges sont désignés d'après un tableau des officiers et des sous-officiers en service dans cette colonie qui sont susceptibles de siéger au conseil de guerre. Ce tableau est établi de manière que les juges soient pris d'abord parmi les officiers et sous-officiers employés dans la place où siège le conseil et ce n'est que dans le cas où, après application du paragraphe 6 de l'article 35 du même Code, il y aurait dans cette place insuffisance de militaires des grades requis qu'il est fait appel aux officiers et sous-officiers en service dans les autres places de la colonie.

Les commissaires rapporteurs peuvent être pris dans l'intendance des troupes coloniales; des officiers d'administration du service de la justice militaire peuvent être aussi désignés, comme greffiers, par le Ministre de la guerre.

En cas d'impossibilité absolue de constituer dans la colonie le conseil de guerre appelé à juger un officier, le gouverneur en avise le gouverneur général ou le gouverneur de la colonie principale du groupe, qui fait envoyer dans la colonie, pour composer le conseil, des officiers d'autres colonies du groupe, ou qui renvoie l'inculpé devant un autre conseil de guerre du groupe.

S'il n'est pas possible de constituer le conseil dans le groupe de colonies, il en est rendu compte au Ministre de la guerre, qui traduit l'inculpé devant le conseil de guerre d'une circonscription territoriale de la métropole.

Lorsque, dans le cas prévu au paragraphe 3° de l'article précédent, le Ministre de la guerre a donné l'ordre de mise en jugement et a envoyé l'inculpé devant un conseil de guerre permanent des colonies, il nomme le président et les juges du conseil de guerre, conformément à l'article 8 du Code de justice militaire, sur la proposition du gouverneur général ou du gouverneur de la colonie principale du groupe où se forme le conseil.

Article 8. Les conseils de guerre des colonies appliquent à tous leurs justiciables, Français ou indigènes, la loi du 2 avril 1901 sur la déduction de la détention préventive, la loi du 19 juillet 1901, modifiée par l'article 1er de la loi du 27 avril 1916, sur l'application des circonstances atténuantes, et la loi du 28 juin 1904, modifiée par l'article 2 de la loi du 27 avril 1916, sur l'atténuation et l'aggravation des peines dans les cas prévus par ces lois.

La loi du 15 juin 1899 sur l'instruction préalable à la procédure devant les conseils de guerre, modifiée par l'article 3 de la loi du 27 avril 1916, est applicable à l'instruction devant les conseils de guerre siégeant dans les colonies de la Martinique, de la Guadeloupe et de la Réunion.

Les articles 1er, 3 et 6 de la loi du 18 octobre 1918 modifiant les articles 150, 156, n° 4 et 157 du Code de justice militaire pour l'armée de terre, sont applicables aux conseils de guerre aux colonies.

Art. 9. Dans chaque groupe de colonies, le greffe du conseil de guerre ou de l'un des conseils de guerre établis au siège du gouvernement général ou dans la colonie principale du groupe est chargé de centraliser les archives judiciaires de tous les conseils de guerre du groupe.

Article 10 Les conseils de revision permanents dans les colonies sont composés de cinq membres : de deux magistrats de la cour d'appel de la colonie et de trois officiers supérieurs, un colonel ou lieutenant-colonel, et deux chefs de bataillon, chefs d'escadron ou majors. Ils sont présidés par un président ou vice-président de la cour d'appel de la colonie ou par le magistrat qui en remplit les fonctions.

Il y a, près de chaque conseil de revision, un commissaire du gouvernement et un greffier. Les fonctions de commissaire du gouvernement peuvent être remplies par un capitaine ou un adjoint de l'intendance militaire. Il peut être nommé un substitut du commissaire du gouvernement et un ou plusieurs commis-greffiers, si les besoins du service l'exigent.

Un décret rendu sur le rapport du Ministre des colonies, après entente avec le Garde des sceaux, Ministre de la justice, règle les conditions dans lesquelles seront désignés les magistrats appelés à siéger dans les conseils de revision.

Les membres militaires des conseils de revision sont nommés et remplacés par le gouverneur de la colonie où se forme le conseil, sur la proposition du commandant des troupes de cette colonie, dans les conditions prévues par le paragraphe 2 de l'article 7 ci-dessus, sans toutefois que les grades des juges puissent être abaissés au-dessous des grades fixés par l'article 41 du Code de justice militaire.

En cas d'impossibilité absolue de constituer dans la colonie le conseil de revision, il y est pourvu, par le gouverneur général ou le gouverneur de la colonie principale du groupe, ou, à défaut, le recours est porté, sur l'ordre du Ministre de la guerre, devant le conseil de revision de la métropole.

CHAPITRE III.

DES CONSEILS DE GUERRE ET DES CONSEILS DE REVISION DANS LES COLONIES DÉCLARÉES EN ÉTAT DE SIÈGE ET DANS LES PLACES DE GUERRE DES COLONIES ASSIÉGÉES OU INVESTIES.

Art. 11. Lorsqu'une colonie est déclarée, en tout ou en partie, en état de siège, l'article 43 du Code de justice militaire, ainsi que toutes les autres dispositions dudit Code et de la loi du 9 août 1849, modifiée par l'article 6 de la loi du 27 avril 1916, visant les territoires en état de siège, sont applicables aux conseils de guerre et de revision permanents auxquels ressortit la colonie.

Dans ce cas, le gouverneur peut, selon que la colonie est ou non pourvue de tribunaux militaires, soit prescrire le déplacement de ces tribunaux, soit constituer provisoirement dans la colonie des conseils de guerre et un conseil de revision spéciaux, dont les fonctions cessent dès que l'état de siège est levé dans les conditions prévues par le paragraphe 3 de l'article 44 du Code de justice militaire. De plus, le gouverneur et le commandant des troupes de la colonie exercent respectivement les attributions conférées par les articles 6 et 7 précédents au gouverneur général ou au gouverneur de la colonie principale du groupe et au commandant supérieur des troupes.

Art. 12. Lorsque, dans une colonie, une place de guerre est assiégée ou investie, toutes les prescriptions du Code de justice militaire visant les places dans cette situation lui sont intégralement applicables.

CHAPITRE IV.

DES CONSEILS DE GUERRE ET DES CONSEILS DE REVISION DANS LES TROUPES D'OPÉRATIONS AUX COLONIES OU DANS LES PAYS DE PROTECTORAT.

Art. 13. Lorsque des troupes coloniales ou d'autres troupes de l'armée de terre sont appelées à exécuter des opérations de guerre aux colonies ou dans les pays de protectorat, toutes les dispositions du Code de justice militaire pour l'armée de terre relatives à la composition des conseils de guerre et de revision aux armées et à la procédure devant ces conseils leur sont intégralement applicables.

Le Ministre de la guerre, après entente avec le ministère des colonies, donne, s'il y a lieu, conformément à l'article 33 du Code de justice militaire, l'ordre de constituer, dans le corps d'opérations, les conseils de guerre et les conseils de revision spéciaux prévus par les chapitres I et II dudit Code, ou désigne, conformément à l'article 42 du même Code, les conseils de guerre et conseils de revision permanents des colonies ou de la métropole auxquels seront rattachées les troupes d'opérations, soit à défaut de tribunaux d'armée, soit en cas d'impossibilité de composer ces conseils faute de militaires du grade requis, soit pour juger les officiers du corps d'opérations échappant par leur grade à la compétence des tribunaux d'armée.

En cas d'urgence, le gouverneur général ou le gouverneur de la colonie principale du groupe où se forme le corps d'opérations donne, après avis du commandant supérieur des troupes par délégation du Ministre de la guerre et à charge d'en rendre compte dans le plus bref délai-possible, l'ordre de placer les troupes en opérations sous le régime de la justice militaire aux armées.

TITRE II

Compétence spéciale des tribunaux militaires aux colonies.

Art. 14. En outre des catégories de justiciables énoncées à l'article 5 précédent, les conseils de guerre et les conseils de revision permanents établis dans les colonies sont appelés à juger aux colonies :

1° Les personnels de l'administration des colonies, non assimilés aux militaires qui, en vertu de lois ou décrets spéciaux, sont justiciables des conseils de guerre ;

2° Les condamnés à la déportation et leurs complices, dans les cas où ils sont justiciables des conseils de guerre, en vertu des articles 2 et 3 de la loi du 25 mars 1873.

En cas de condamnation, le conseil de guerre applique aux uns et aux autres les pénalités du Code de justice militaire pour l'armée de terre, dans les conditions prévues à l'article 8 précédent.

DISPOSITIONS ABROGÉES ET TRANSITOIRES.

Art. 15. Sont abrogés :

Les décrets des 20 août 1879 et 24 août 1888, relatifs à la compétence spéciale des conseils de guerre au Gabon et à Diégo-Suarez ;

Le décret du 6 janvier 1901, organisant provisoirement le service de la justice militaire pour les troupes coloniales ;

Et, généralement, toutes les dispositions contraires au présent décret.

Art. 16. A partir de la promulgation du présent décret, toutes les affaires nouvelles concernant les catégories de justiciables visées par les articles 5 et 14 du présent décret seront jugées conformément à ce décret.

Les affaires concernant ces justiciables qui étaient engagées devant les conseils de guerre ou de revision permanents précédemment organisés dans les colonies en vertu des décrets du 4 octobre 1889 et du 6 janvier 1901, seront poursuivies conformément aux dispositions desdits décrets.

Art. 17. Les Ministres de la guerre et des colonies sont chargés, chacun en ce qui le concerne, de l'exécution du présent décret.

TABLEAU des conseils de guerre et des conseils de revision permanents établis dans les colonies (A).

CONSEILS DE REVISION.	CONSEILS DE GUERRE FORMANT LE RESSORT DU CONSEIL DE REVISION.	
SIÈGE (1).	Siège (1).	Colonies formant le ressort du conseil de guerre.
1 Paris............	2 Martinique...........	Martinique. Guadeloupe et dépendances. Guyane.
1 Nouvelle-Calédonie	2 Nouvelle-Calédonie...	Nouvelle-Calédonie et dépendances. Établissements français de l'Océanie.
1 Sénégal..........	1 Haut-Sénégal et Niger.	Haut-Sénégal et Niger. Territoire de la Mauritanie.
	2 Sénégal et Guinée	Territoire militaire du Niger. Guinée française. Côte d'Ivoire. Dahomey.
	1 Gabon..............	Gabon.
	2 Moyen-Congo........	Moyen Congo. Oubanghi-Chari.
	1 Oubanghi-Chari......	Territoire militaire du Tchad.
1 Madagascar......	2 Madagascar.........	Madagascar et dépendances. Réunion. Côte française des Somalis et dépendances.
1 Indo-Chine........	2 Cochinchine.........	Cochinchine. Cambodge. Laos. Inde française.
	2 Annam et Tonkin.....	Annam. Tonkin. Territoire de Quang Tchéou Wan.

NOTA. — Pour la colonie de Saint-Pierre et Miquelon, la juridiction appartient au conseil de guerre de la métropole désigné par le Ministre de la guerre

(1) Dans chaque groupe de colonies, le gouverneur général ou le gouverneur de la colonie principale fixe, après entente avec le commandant supérieur des troupes, la localité des colonies indiquées dans cette colonne où siégeront les conseils de guerre ou le conseil de revision.

(A) Modifié par décrets des 5 juin 1914, 23 janvier 1918, 19 août 1919 et 31 décembre 1921.

Instruction pour l'application du décret du 23 octobre 1903, relatif à l'organisation du service de la justice militaire dans les troupes coloniales.

(Direction du Contentieux et de la Justice militaire ; Direction des Troupes coloniales et Ministère des colonies.)

Paris, le 23 octobre 1903.

La présente instruction a pour but d'appeler l'attention des autorités militaires et coloniales sur les principales innovations que comporte le décret du 23 octobre 1903, relativement à l'organisation du service de la justice militaire dans les troupes coloniales, en indiquant les dispositions de détail à prendre pour l'application de ce décret.

TITRE Ier.

De l'organisation du service de la justice militaire dans les troupes coloniales.

CHAPITRE Ier.

DISPOSITIONS GÉNÉRALES.

Art. 1er. L'article 1er pose le principe, résultant de la loi du 7 juillet 1900, que le Code de justice militaire pour l'armée de terre est applicable à toutes les troupes coloniales, européennes et indigènes.

Art. 2. L'article 2 consacre la règle, déjà appliquée, que les troupes coloniales en garnison dans la métropole relèvent des conseils de guerre et des conseils de revision permanents établis dans les circonscriptions territoriales où elles sont stationnées.
Ces troupes sont, sous le rapport de la justice militaire, placées sous le même régime que les autres troupes de la circonscription. Leurs officiers et sous-officiers concourent à la formation des conseils de guerre et de revision permanents et c'est au général commandant la région de corps d'armée (ou au général commandant la division en Algérie et en Tunisie) qu'il appartient de donner l'ordre d'informer ainsi que l'ordre de

mise en jugement et de nommer les juges des conseils de guerre, dans les cas où ces attributions ne sont pas réservées au Ministre de la guerre.

Conformément à l'instruction du 3 août 1901 (Guerre, *Bulletin officiel*, p. 82), les plaintes concernant les militaires placés sous les ordres du commandant du corps d'armée des troupes coloniales doivent d'abord être transmises à cet officier général qui les adresse, avec son avis, au commandant de la circonscription territoriale intéressée et qui est tenu par ce dernier officier général au courant des solutions intervenues. Lorsque le commandant de la circonscription territoriale a rendu un refus d'informer ou une ordonnance de non-lieu, il appartient au commandant du corps d'armée des troupes coloniales d'infliger, s'il y a lieu, telle punition disciplinaire qu'il juge convenable.

Les militaires des troupes coloniales détachés au service de la marine, autres que ceux visés par le paragraphe 2 de l'article 108 du Code de justice maritime (1), relèvent également des conseils de guerre et des conseils de revision permanents établis dans les circonscriptions territoriales où ils sont stationnés, sous réserve de l'application, en cas de complicité, des articles 105 du Code de justice maritime et 78 du Code de l'armée de terre. Les plaintes en conseil de guerre concernant ces militaires sont adressées par les autorités maritimes au général commandant la circonscription territoriale correspondante, qui avise le Ministre de la marine des solutions intervenues.

Art. 3. L'article 3 dispose que les troupes coloniales et les autres troupes de l'armée de terre stationnées aux colonies et dans les pays de protectorat autres que la Tunisie relèveront de conseils de guerre et de conseils de revision spéciaux organisés dans les colonies

Toutefois, ainsi qu'il est indiqué dans l'annotation du tableau joint au décret, les colonies de Saint-Pierre et Miquelon, de l'Inde française et de la côte française des Somalis et dépendances seront rattachées à des conseils de guerre permanents de la métropole et au conseil de revision de Paris. Les conseils de guerre désignés pour exercer la juridiction sur ces colonies seront : le conseil de guerre de la 11ᵉ région pour Saint-Pierre et Miquelon, et celui de la 15ᵉ région pour l'Inde française et la côte française des Somalis. Le cas échéant, les justiciables de ces colonies qu'il y aurait lieu de poursuivre, seront renvoyés

---

(1) Les militaires ou les assimilés aux militaires appartenant à l'armée de terre mis à la disposition de la marine, soit *pour une expédition* ou *un service d'outre-mer*, soit pour la garnison des bâtiments de l'État, sont soumis aux juridictions maritimes.

en France par les soins du gouverneur, pour être mis à la disposition du général commandant la 11° ou la 15° région, qui recevra tous les renseignements recueillis dans la colonie sur l'inculpation et qui donnera l'ordre d'informer ; puis, s'il y a lieu, l'ordre de mise en jugement, devant le conseil de guerre de la région. En cas de renvoi après recours en revision .. conseil de revision de Paris désignerait un autre conseil de guerre de la métropole pour être saisi de l'affaire.

On remarquera que, dans l'article 3, ainsi que dans la suite du décret, les pays de protectorat autres que la Tunisie ont été, sous le rapport de la justice militaire, traités exactement comme les colonies. On ne saurait, en effet, assimiler les protectorats coloniaux aux protectorats réguliers, tels que la Tunisie, où fonctionne un véritable gouvernement local sous le contrôle de la France et où les troupes d'occupation doivent avoir des conseils de guerre spéciaux analogues aux conseils de guerre aux armées. Les protectorats coloniaux étant administrés directement par les autorités françaises, au même titre que la colonie à laquelle ils sont rattachés, les troupes qui y sont stationnées peuvent, tant qu'elle n'ont pas d'opérations de guerre à exécuter, être soumises au régime judiciaire normal.

CHAPITRE II.

DES CONSEILS DE GUERRE ET DES CONSEILS DE REVISION PERMANENTS DANS LES COLONIES ET DANS LES PAYS DE PROTECTORAT.

Art. 4 et tableau annexe. Conformément à l'article 4, il sera établi, pour l'application de la justice militaire dans les colonies et protectorats coloniaux autres que Saint-Pierre et Miquelon, l'Inde française et la côte française des Somalis, un certain nombre de conseils de guerre et de conseils de revision permanents dont le tableau annexé au décret donne la nomenclature et le ressort.

Ces tribunaux ont été répartis d'après le groupement fixé par le décret du 26 mai 1903 pour les forces militaires stationnées aux colonies. Dans chacun des groupes organisés en vertu de ce décret, il y aura un conseil de revision et plusieurs conseils de guerre. Les colonnes 1 et 2 du tableau indiquent les colonies où ces conseils devront être établis, le soin de fixer dans ces colonies le siège des divers conseils étant laissé aux gouverneurs généraux ou aux gouverneurs des colonies principales, après entente avec le commandant supérieur des troupes.

Il doit être entendu que, lorsque la colonne 2 indique plusieurs colonies, il appartient également au gouverneur général ou au gouverneur de la colonie principale, de choisir celles de ces colonies où les conseils devront être établis. Par exemple, dans le groupe de l'Afrique occidentale, où il est prévu deux conseils de guerre à établir dans les colonies de la Sénégambie, du Niger et des territoires militaires de l'Afrique occidentale, le gouverneur pourra établir un conseil de guerre dans la Sénégambie et un dans le troisième territoire militaire, de même qu'il pourra mettre dans le Sénégal les deux conseils prévus pour le Sénégal et la Guinée.

Il doit être également entendu que, quels que soient les sièges fixés pour les divers conseils de guerre de chaque groupe, chacun de ces conseils aura compétence sur tout l'ensemble du groupe, sans avoir son ressort strictement limité aux colonies secondaires indiquées dans la colonne 2 du tableau. Par suite, pour reprendre l'exemple précédent, les deux conseils de guerre établis dans la Sénégambie, le Niger et les territoires militaires, bien que devant généralement être désignés pour le jugement des inculpés de ces pays, pourront être appelés à juger également des inculpés de la Guinée, du Congo ou du Tchad, si le gouverneur général croit devoir leur en déférer, ou si le conseil de revision du groupe leur renvoie, après cassation, une affaire concernant un inculpé de ces colonies.

Les gouverneurs généraux ou les gouverneurs des colonies principales, ainsi que les conseils de revision des groupes, auront ainsi plus de marge pour la désignation des conseils de guerre à saisir.

Les gouverneurs généraux ou les gouverneurs des colonies principales devront rendre compte au Ministre de la guerre, par l'entremise du Ministre des colonies, des sièges qu'ils auront fixés, après entente avec les commandants supérieurs, pour le conseil de revision et les divers conseils de guerre de leur groupe. S'ils étaient plus tard amenés à modifier ces fixations, ils pourraient le faire, sauf à n'user de cette faculté qu'en cas de nécessité réelle et à en rendre compte aussitôt, mais à la condition expresse de rester dans les limites fixées par les colonnes 1 et 2 du tableau, c'est-à-dire, par exemple pour l'Afrique occidentale, de ne pas mettre le conseil de revision hors du Sénégal et de laisser deux conseils de guerre dans le Sénégal et la Guinée, deux dans la Côte d'Ivoire et le Dahomey, etc. Dans le cas contraire, si l'on voulait par exemple établir trois conseils de guerre dans la Sénégambie, le Niger et les territoires militaires de l'Afrique occidentale, en n'en laissant qu'un pour la Côte d'Ivoire et le Dahomey, il serait nécessaire de provoquer une modification du décret.

Art. 5. L'article 5 spécifie que les conseils de guerre et de revision permanents établis dans les colonies exerceront toutes les attributions dévolues aux tribunaux similaires des circonscriptions territoriales à l'égard des diverses catégories de justiciables des conseils de guerre.

On signalera, comme conséquences de cette assimilation des conseils de guerre coloniaux aux conseils de guerre des circonscriptions territoriales de la métropole, les suivantes :

1° Dans les cas prévus par l'article 61 du Code de justice militaire, un justiciable des conseils de guerre métropolitains ayant commis un délit aux colonies ou ayant été arrêté dans une colonie pourra être jugé par un des conseils de guerre auquel ressortit la colonie et, réciproquement, un justiciable des conseils de guerre coloniaux pourra être poursuivi devant un conseil de guerre métropolitain dans le ressort duquel il aurait commis son crime ou délit, ou aurait été arrêté ;

2° Par modification aux prescriptions de l'article 19 de l'ancien décret du 4 octobre 1889, la reconnaissance de l'identité des individus condamnés soit par les conseils de guerre coloniaux, soit par les conseils métropolitains, qui, après évasion ou contumace, auront été repris soit en France, soit dans une colonie, devra être faite conformément aux principes posés à l'article 180 du Code de justice militaire pour l'armée de terre, c'est-à-dire par le conseil de guerre auquel ressortit le corps dont fait partie le condamné ou, si celui-ci n'appartient à aucun corps, par le conseil de guerre qui a prononcé la condamnation, ou, si ce conseil a cessé ses fonctions, par le conseil métropolitain ou colonial dans le ressort duquel le condamné a été repris.

L'article 5 spécifie également que la compétence normale des conseils de guerre et de revision coloniaux s'étend à tous les individus de leur ressort qui sont déclarés justiciables des conseils de guerre et de revision, soit par le Code de justice militaire (1), dont les dispositions du livre II sont entièrement applicables aux tribunaux coloniaux, soit par la loi du 9 août 1849 sur l'état de siège, soit par la loi du 24 mai 1897 relative aux exclus.

On verra à l'article 14 ci-après que les tribunaux militaires des colonies auront, de plus, compétence sur certaines catégories de justiciables.

---

(1) En vertu de ce Code (art. 56, 4e alinéa du § 1°), la compétence des tribunaux militaires des colonies s'étend de droit aux personnels des agents et agents comptables du commissariat et du service de santé des troupes coloniales, qui, d'après le décret du 11 juin 1901, sont militaires, bien que les grades de ces agents ne correspondent pas à ceux de la hiérarchie militaire. Lors de la revision de ce décret, qui est à l'étude, on spécifiera quelle doit être la composition du conseil de guerre pour juger les agents des divers grades, afin d'éviter qu'on compose le conseil comme pour le jugement des simples soldats, en vertu de l'article 18 du Code de justice militaire.

Art. 6. L'article 6 détermine par quelles autorités seront exercées, aux colonies, les attributions judiciaires conférées dans la métropole aux généraux commandant les circonscriptions territoriales.

D'après le décret du 4 octobre 1889, ces attributions étaient exercées par « les gouverneurs des colonies où étaient établis les conseils ». Ces fonctionnaires nommaient les membres des conseils de guerre et de revision et donnaient les ordres d'informer et de mise en jugement pour tous les inculpés militaires jusqu'au grade de lieutenant-colonel inclus.

Le nouveau décret apporte à cette situation les modifications suivantes :

1° Comme on le verra à l'article suivant, les gouverneurs des colonies où sont formés les conseils de guerre et les conseils de revision continueront à nommer les membres de ces conseils, mais sur la proposition du commandant des troupes de la colonie ;

2° Les ordres d'informer et de mise en jugement seront donnés dans chaque groupe de colonies par le gouverneur général ou le gouverneur de la colonie principale du groupe, qui ne statuera qu'après avoir pris l'avis du gouverneur de la colonie où le crime ou délit a été commis et, en outre, s'il s'agit d'un militaire, du commandant supérieur des troupes ;

3° Les pouvoirs des gouverneurs en ce qui concerne la composition des conseils de guerre et des gouverneurs généraux ou des gouverneurs des colonies principales en ce qui concerne la délivrance de l'ordre d'informer et de mise en jugement resteront d'ailleurs limités, comme précédemment, aux justiciables non militaires et aux militaires d'un grade inférieur à celui de colonel, sauf toutefois ceux qui exerceront les fonctions de commandants supérieurs des troupes.

Pour les colonels, les officiers généraux et les commandants supérieurs des troupes, quel que soit leur grade, le Ministre de la guerre prononcera, au vu de la plainte du gouverneur général ou du gouverneur de la colonie principale et après avis du Ministre des colonies, sur l'ouverture de l'instruction et sur la mise en jugement, et nommera les juges des conseils de guerre quand il aura décidé de faire juger l'inculpé aux colonies.

En effet, le nouveau décret ne prescrit plus de renvoyer en France tous les inculpés du grade de colonel et au-dessus : il laisse au Ministre de la guerre le soin de désigner le conseil de guerre des colonies ou de la métropole devant lequel auront lieu les poursuites.

Les commandants des détachements stationnés dans les colonies secondaires seront soumis à la règle générale ;

4° L'article 6 spécifie, en outre, que la police judiciaire militaire sera exercée sous l'autorité du commandant supérieur des troupes, mais que celui-ci sera tenu de transmettre toutes les plaintes des chefs de corps ou de service et tous les rapports des officiers de police judiciaire au gouverneur général ou au gouverneur de la colonie principale, qui pourra aussi lui prescrire d'office de faire établir une plainte ou de commettre un officier de police judiciaire militaire pour une affaire déterminée.

On fera remarquer, au sujet de la police judiciaire, que cette partie de la procédure militaire devant être régie désormais, comme les autres, par le Code de l'armée de terre, les chefs de corps et de service pourront, en vertu de l'article 85 de ce Code modifié par la loi du 18 mai 1875, déléguer leurs pouvoirs à l'un des officiers sous leurs ordres, ce qu'ils ne pouvaient pas faire sous l'empire du Code de justice maritime.

En dehors de ce cas de délégation prévu par la loi, il ne faudra pas perdre de vue que, d'une manière générale, les pouvoirs judiciaires ne peuvent pas se déléguer et que, notamment, les ordres d'informer et de mise en jugement doivent, à peine de nullité, porter la signature des gouverneurs qualifiés pour les signer ou de leurs remplaçants légaux en cas d'absence ou d'intérim. Ainsi, un secrétaire général des colonies ne pourrait pas plus signer des actes de cette nature par délégation que le chef d'état-major d'un corps d'armée dans la métropole.

Au Congo, les attributions judiciaires conférées par les articles 6 et 10 du décret aux gouverneurs des colonies secondaires seront exercées par le commissaire général du gouvernement.

En résumé, les gouverneurs généraux et les gouverneurs des colonies principales seront, en quelque sorte, les chefs du service de la justice militaire dans leur groupe, comme le sont les commandants de corps d'armée de la métropole dans leur région. Il est d'ailleurs entendu que, dans l'exercice des pouvoirs judiciaires militaires qui leur sont attribuées, conformément aux dispositions ci-dessus, les gouverneurs généraux et les gouverneurs des colonies principales agiront comme les délégués du Ministre de la guerre, qui est le chef suprême de la justice militaire, et qu'ils lui serviront d'intermédiaires dans tous ses rapports avec les parquets des tribunaux militaires permanents des colonies.

Les pièces, rapports et demandes émanant de ces tribunaux seront transmis au Ministre de la guerre dans la forme prévue par l'article 7 du décret du 9 novembre 1901, de même que le Ministre de la guerre adressera, par l'entremise du Ministre des colonies et des gouverneurs généraux ou des gouverneurs des colonies principales, toutes les instructions ou observations qu'il aurait à envoyer aux commissaires rapporteurs, aux com missaires du gouvernement près les conseils de guerre et de revision coloniaux.

Il va de soi que, sous le rapport de la discipline, les commissaires rapporteurs et commissaires du gouvernement, ainsi que les greffiers et les autres militaires attachés aux divers conseils, relèveront du commandant des troupes de la colonie où siège leur conseil.

Cet officier tiendra les feuillets du personnel des commissaires rapporteurs et des commissaires du gouvernement, qui tiendront ceux des greffiers attachés à leurs parquets, et il sera chargé de présenter aux commandants supérieurs ou aux inspecteurs généraux toutes les propositions pour l'avancement concernant les militaires de tout grade détachés auprès des divers conseils de la colonie. Ces propositions seront établies selon les règles générales fixées par l'instruction du 1er juillet 1901, mise à jour, les commissaires rapporteurs près les conseils de guerre et les commissaires du gouvernement près les conseils de revision faisant fonctions de chefs de service pour le personnel de leurs parquets respectifs. Lorsque les livrets de propositions seront remis soit par les commandants supérieurs, soit par les inspecteurs généraux, aux gouverneurs, pour être transmis au Ministre de la guerre, les gouverneurs des colonies où siègent les conseils de guerre et les conseils de revision et les gouverneurs généraux ou les gouverneurs des colonies principales des groupes ajouteront aux notes des commissaires rapporteurs et des commissaires du gouvernement leur appréciation sur la valeur de ces officiers au point de vue de leurs fonctions judiciaires.

Art. 7. D'après l'article 7, les conseils de guerre permanents des colonies seront composés conformément à l'article 33 du Code de l'armée de terre, c'est-à-dire que, pour le jugement des inculpés non militaires et des militaires jusqu'au grade de lieutenant-colonel inclus, ils seront, comme précédemment, composés de cinq membres, d'après le tableau de l'article 33, avec un commissaire rapporteur, et que, pour les colonels et les officiers généraux, si le Ministre fait juger aux colonies un officier de ces grades, ils seront composés de sept membres désignés d'après le tableau de l'article 10, avec un commissaire du gouvernement et un rapporteur distincts.

Vu le nombre restreint d'officiers dont on dispose dans certaines colonies, il n'a pas paru possible d'adopter dans tous les cas, pour les conseils de guerre coloniaux, la composition à sept membres, en vigueur pour la France, l'Algérie et la Tunisie ; mais il doit être entendu que, lorsque le conseil sera composé seulement de cinq membres, il aura, en temps normal, exactement la même compétence, les mêmes attributions et appliquera la même procédure que les conseils de guerre à sept membres des circonscriptions territoriales de la métropole, sauf application du paragraphe 4 de l'article 156 du Code pour le prononcé des peines, et que les règles spéciales de procédure fixées par les articles 73, 153, 154, 156 (paragraphes autres que le 4°), 157 et 158 ne seront appliquées que dans les cas prévus par ces articles (aux armées, dans l'état de guerre et dans l'état de siège).

Les membres des conseils de guerre, juges, commissaires rapporteurs, substituts, greffiers et commis greffiers, seront pris, conformément au principe posé dans l'article 34 du Code, parmi les officiers et sous-officiers employés dans la colonie où se formera le conseil ; toutefois, il a été prévu que des officiers d'administration du service de la justice militaire pourraient être désignés par le Ministre de la guerre comme greffiers auprès de certains conseils.

Il a été dit plus haut que la désignation sera faite par le gouverneur de la colonie où siège le conseil, sur la proposition du commandant des troupes de cette colonie. Il appartiendra donc à cet officier de proposer au gouverneur les officiers ou les commissaires des troupes coloniales du grade ou rang au moins de capitaine, à désigner comme commissaires rapporteurs, ainsi que les capitaines, lieutenants ou sous-lieutenants à désigner comme substituts et les sous-officiers à désigner comme greffiers ou commis greffiers. Ces officiers et sous-officiers, tout en continuant à compter à leur corps, en seront détachés pour remplir ces fonctions judiciaires et n'auront pas d'autre service. On s'efforcera de les laisser dans leur emploi aussi longtemps que possible, en maintenant s'il se peut les substituts comme commissaires rapporteurs, afin de leur assurer une compétence réelle.

Quant aux juges, ils seront pris à tour de rôle, d'après un tableau dressé par le commandant des troupes et approuvé par le gouverneur, en laissant au moins en fonctions pendant six mois ceux qui seront désignés pour faire partie du conseil permanent appelé à juger les hommes de troupe.

Comme l'indique l'article 7 du décret, ce tableau doit être établi de manière que les juges soient pris d'abord parmi les officiers et sous-officiers employés dans la place où siège le conseil et qu'on ne fasse appel aux officiers et sous-officiers des autres places de la colonie que dans le cas où, après avoir usé de la faculté prévue au paragraphe 8 de l'article 35 du Code (1),

---

(1) Ce paragraphe dispose que, s'il n'y a pas un nombre suffisant d'officiers des grades requis pour la composition normale du conseil, « il y est suppléé en descendant dans la hiérarchie, même jusqu'au

il y aurait dans la place où siège le conseil, insuffisance de militaires des grades requis.

Le tableau devra donc comporter deux parties :

Première partie. — Officiers des divers grades et sous-officiers en service dans la place où siège le conseil :

Deuxième partie. — Officiers des divers grades et sous-officiers en service dans les autres places de la colonie.

On portera dans la première partie le plus grand nombre possible des officiers des différents grades employés dans les corps et services de la place et remplissant les conditions de nationalité et d'âge requises par l'article 22 du Code, en n'exceptant que ceux qui ne pourraient pas, sans nuire au service, siéger régulièrement au conseil lorsque leur tour les y appellerait (1).

On y inscrira aussi un nombre suffisant de sous-officiers, choisis parmi ceux remplissant les conditions requises par l'article 22 et reconnus aptes, d'après leur instruction et leur expérience, à exercer les fonctions de juges.

Les officiers et les sous-officiers seront rangés sur le tableau par grade, dans l'ordre de l'ancienneté, en rayant, au fur et à mesure des mutations, les officiers et sous-officiers partis et en intercalant à leur rang d'ancienneté ceux désignés pour les remplacer.

C'est d'après ce tableau que se feront normalement les dési-

---

grade inférieur à celui de l'accusé, si cela est nécessaire, mais sans que plus de deux juges puissent être pris dans cette catégorie ».

Il paraît devoir être interprété comme ne s'appliquant qu'aux *officiers*, c'est-à-dire qu'on peut prendre des officiers de grades moins élevés que ceux prévus par les tableaux des articles 33 ou 10, selon que le conseil doit être formé à cinq ou sept membres, et même, si l'accusé est un officier, en prenant deux des juges parmi des officiers du grade immédiatement inférieur au sien. Par suite, sauf dans le cas prévu pour les places assiégées à l'article 45 du Code, on ne saurait jamais désigner un sous-officier pour juger un officier.

L'article 7 du décret vise également le cas exceptionnel où il n'y aurait pas, dans la place où siège le conseil, de sous-officiers susceptibles d'être désignés pour le jugement d'un non-militaire ou d'un homme de troupe, on ferait alors appel aux sous-officiers des autres places dans la colonie.

On remarquera que l'article 35 du Code permet également d'abaisser le grade des commissaires rapporteurs jusqu'au grade immédiatement inférieur à celui de l'accusé. si l'on n'en trouve pas qui soient, conformément à l'article 16 du Code, d'un grade ou rang au moins égal à celui de l'accusé.

(1) Rien ne s'oppose à ce que les officiers d'état-major figurent, comme les autres, sur le tableau et le fait qu'un de ces officiers aurait eu, dans l'exercice de ses fonctions. à étudier le dossier d'une affaire, ou même aurait proposé à son chef d'émettre tel ou tel avis. ne saurait le faire exclure du conseil de guerre, comme ayant connu de l'affaire en qualité d'*administrateur*, si l'inculpé n'était pas sous ses ordres directs.

gnations des juges, et, bien que le décret ne fasse pas une obli
gation de le suivre strictement à moins d'empêchement reconnu,
comme le prévoit l'article 19 du Code pour les conseils de
guerre de la métropole, il conviendra, afin d'éviter tout soupçon
d'arbitraire dans la composition des conseils, d'y prendre, tant
pour les nominations initiales que pour les remplacements périodiques ou accidentels, les juges des divers grades dans l'ordre où ils sont inscrits, en établissant par exemple deux tours :

L'un, pour la désignation des membres du conseil de guerre
permanent appelé à juger les hommes de troupe, membres qui
doivent rester en fonctions six mois au moins, s'il est possible.

L'autre, pour les remplacements accidentels nécessités soit
par l'empêchement d'un juge pour cause de maladie, d'absence,
de service ou pour l'une des causes spécifiées à l'article 24 du
Code, soit par la modification du conseil permanent en vue du
jugement d'un officier, cas où les remplaçants désignés n'ont à
siéger qu'une fois.

La deuxième partie du tableau, qui ne servira généralement
que pour les remplacements nécessités par des circonstances
exceptionnelles, comportera également tous les officiers des
autres places de la colonie susceptibles de venir siéger sans in-
convénient grave pour le service, afin d'éviter qu'on ne soit obligé de faire appel aux officiers des autres colonies du groupe,
alors qu'il y en aurait de disponibles dans la colonie même. On
y ajoutera quelques sous-officiers, si cela paraît nécessaire.

Sur cette seconde partie, les officiers et sous-officiers, au lieu
d'être rangés par ancienneté, pourront l'être d'après leur éloi-
gnement du siège du conseil, et, afin de réduire les frais de déplacement, on pourra prendre plusieurs fois de suite dans les
garnisons les plus rapprochées, en ne recourant aux plus éloi-
gnées qu'en cas d'insuffisance des autres, sans s'astreindre à
faire, à tour de rôle, participer tous les officiers du tableau au
remplacement.

Le tableau de désignation des juges étant ainsi établi par le
commandant des troupes et approuvé par le gouverneur, lorsque celui-ci recevra un ordre de mise en jugement du gouverneur général ou du gouverneur de la colonie principale, il en
avisera le commandant des troupes qui, s'il y a des remplacements à effectuer dans la composition normale du conseil, lui
rendra compte des motifs de ces remplacements et lui soumettra
des propositions en conséquence.

S'il est nécessaire de faire appel au gouverneur général ou
au gouverneur de la colonie principale pour compléter le conseil, celui-ci désignera, sur la proposition du commandant supérieur, les officiers des autres colonies à envoyer à cet effet, sans
qu'il y ait de tableau spécial ni de tour à établir pour ce service
exceptionnel, ou bien il déférera, par un nouvel ordre de mise en

jugement motivé, l'inculpé à un autre conseil de guerre du groupe.

Il va de soi que, pour éviter ces difficultés, les gouverneurs généraux ou les gouverneurs des colonies principales devront, au moment de la délivrance de l'ordre d'informer et de la désignation du conseil à saisir, se préoccuper de choisir un conseil qui, d'après le grade de l'accusé ou les circonstances de la cause, puisse être constitué dans la colonie où il siège. S'ils voyaient *a priori* impossibilité de constituer le conseil dans le groupe de colonies, ils devraient s'abstenir de donner l'ordre d'informer et en rendre compte au Ministre de la guerre, en lui envoyant le dossier, pour que celui-ci fasse traduire l'inculpé devant un conseil de guerre de la métropole. Le Ministre, dans ce cas, après avoir désigné ce conseil, en aviserait le gouverneur général ou le gouverneur de la colonie principale, pour que l'inculpé soit dirigé sur la région correspondante, et il transmettrait le dossier au général commandant la circonscription intéressée, qui donnerait d'office l'ordre d'informer, puis statuerait sur la mise en jugement.

MARCHE GÉNÉRALE DE LA PROCÉDURE RÉSULTANT DES ARTICLES 6 ET 7

Comme conséquence des principes des articles 6 et 7 du nouveau décret et afin d'éviter toute perte de temps, la marche générale de la procédure pour les affaires militaires sera la suivante :

Lorsque, dans un corps, un crime ou délit se sera produit, le chef du corps, conformément à l'article 85 du Code, procédera ou fera procéder soit par un des officiers sous ses ordres, soit par un des officiers de police judiciaire mentionnés à l'article 84, à l'information préalable réglementée par les articles 86 et suivants et adressera la plainte, appuyée des actes et procès-verbaux des officiers de police, par la voie hiérarchique (1) au com-

---

(1) Si le commandant supérieur des troupes, dont l'avis personnel est seul obligatoire, juge utile d'avoir pour s'éclairer l'avis de certaines autorités intermédiaires entre lui et les auteurs des plaintes, il lui appartiendra de prescrire, par un ordre permanent, quelles sont les autorités hiérarchiques qui devront, au passage, annoter les plaintes. Il conviendra que, dans la détermination de ces autorités, le commandant supérieur réduise leur nombre au minimum strictement nécessaire, car tous les officiers ayant émis un avis officiel sur une plainte se trouvent, en vertu de l'article 24, paragraphe 4° du Code, exclus des conseils appelés à juger l'affaire et il importe, surtout pour les officiers de grades élevés, dans les colonies où se formeront les conseils de guerre et les conseils de revision, de ne pas multiplier les officiers empêchés de siéger. Il pourrait, même dans certaines colonies, être utile de ne pas demander l'avis du commandant des dé-

mandant des détachements de troupes de la colonie. Celui-ci soumettra le dossier au gouverneur de la colonie où le crime ou délit a été commis, afin que ce fonctionnaire y consigne son avis, et il l'adressera ensuite au commandant supérieur des troupes.

Le commandant supérieur, après avoir formulé son avis, transmettra le dossier au gouverneur général ou au gouverneur de la colonie principale, qui prononcera le refus ou l'ordre d'informer.

Si le gouverneur général ou le gouverneur de la colonie principale donne l'ordre d'informer, il désignera le conseil de guerre devant lequel aura lieu la poursuite et adressera directement l'ordre au commissaire rapporteur près le conseil saisi, en avisant le commandant supérieur des troupes pour que celui-ci prenne les mesures nécessaires pour faire mettre l'inculpé à la disposition du commissaire rapporteur.

Le commissaire rapporteur procédera à l'instruction, et, lorsque celle-ci sera terminée, il l'enverra, avec ses conclusions, au gouverneur de la colonie où le crime ou délit s'est produit pour que celui-ci formule son avis. Ce gouverneur transmettra le dossier au commandant supérieur des troupes qui, après y avoir inscrit à son tour son avis, l'adressera au gouverneur général ou au gouverneur de la colonie principale du groupe. Celui-ci statuera alors sur la mise en jugement et, s'il la prononce, il enverra l'ordre au gouverneur de la colonie où siège le conseil, qui, sur la proposition du commandant des détachements de troupes de cette colonie, désignera les membres du conseil et transmettra l'ordre de mise en jugement au commissaire rapporteur, en ordonnant de convoquer le conseil et en fixant le jour et l'heure de la réunion, dans les conditions prévues par les articles 109 et 111 du Code de justice militaire.

Après le jugement, le commissaire rapporteur rendra compte au gouverneur de la colonie où siège le conseil dans les conditions prévues par l'article 149 du Code, et ce gouverneur fera procéder à l'exécution du jugement (1) conformément à l'article 151, à moins qu'il ne juge utile de suspendre l'exécution comme il est prévu à l'article 150. Dans ce cas, il devrait aviser d'urgence le gouverneur général ou le gouverneur de la colonie principale du groupe, qui, après avis du commandant supérieur des troupes, déciderait si l'exécution doit suivre son cours ou,

---

tachements, si celui-ci était président d'un conseil de guerre ou du conseil de revision.

Les autorités hiérarchiques, n'ayant pas à formuler d'avis, se borneront alors à mettre « vu et transmis » sur le dossier.

(1) L'instruction du 13 novembre 1903 insérée ci-après fixe les règles à suivre pour l'exécution des peines des militaires condamnés aux colonies.

s'il y a lieu, d'en référer au Ministre de la guerre, par l'entremise du Ministre des colonies. Toutes les fois que la peine capitale aura été prononcée en dehors de l'état de siège ou de l'état de guerre, l'exécution ne devra pas avoir lieu sans que le Ministre de la guerre ait été consulté dans ces conditions.

Art. 8. On appellera, au sujet de l'application de l'article 8, l'attention sur les points suivants :

Loi du 2 avril 1901. — Dans tous les cas l'article 200 du Code de justice militaire doit être appliqué tel qu'il a été modifié par la loi du 2 avril 1901.

Lorsque les juges veulent que la déduction de la détention préventive n'ait point lieu ou n'ait lieu que pour partie, ils doivent l'ordonner par une disposition spéciale et *motivée*, insérée dans le jugement : l'absence de motifs de cette décision pourrait être une cause de cassation.

Même lorsque les prévenus n'auront pas été, incarcérés dans une prison et auront été seulement détenus dans les locaux disciplinaires d'un corps en attendant le jugement ou l'exécution de la peine, la durée de cette détention devra être déduite, à moins de décision contraire du tribunal, en vertu du paragraphe final du nouvel article 200 du Code, qui spécifie que : « Est réputé en état de détention préventive tout individu *privé de sa liberté* sous inculpation d'un crime ou d'un délit ».

Loi du 19 juillet 1901. — Cette loi ne doit, conformément à son article 1er, être appliquée qu'en temps de paix et seulement aux délits pour lesquels le Code de justice militaire et la loi de recrutement ne prévoient pas de circonstances atténuantes.

Par suite, lorsqu'il s'agit de délits pour lesquels le Code de justice militaire fixe des peines spéciales en cas d'admission des circonstances atténuantes, la peine doit être abaissée conformément aux fixations de ce Code et non d'après l'échelle de la loi du 19 juillet 1901.

Par exception à la règle générale, le paragraphe 2 de l'article 7 du décret prévoit que cette loi pourra, même en dehors du temps de paix, être appliquée aux militaires indigènes des corps coloniaux ou des milices indigènes. Il a paru, en effet, utile d'adoucir la rigueur des pénalités du Code de justice militaire en faveur des indigènes à cause de leur connaissance imparfaite de notre législation.

Dans le même ordre d'idées, comme la peine des travaux publics n'est encourue que pour des délits militaires et comme, devant être subie en Algérie, elle entraînerait, appliquée aux indigènes, un transport en dehors de leur pays constituant une aggravation de la pénalité, il conviendra d'éviter autant que possible de prononcer cette peine contre les indigènes.

Si, selon le crime ou délit commis, la peine ne peut pas, en vertu de la loi du 19 juillet 1901, être abaissée à l'emprisonnement et si le tribunal ne peut prononcer que les travaux publics, le gouverneur chargé de faire exécuter le jugement devra, préalablement à l'exécution, adresser au Ministre de la guerre, par l'intermédiaire du Ministre des colonies, une demande de commutation en un emprisonnement dont la durée serait, par analogie avec les dispositions de l'article 197 du Code de justice militaire, fixée à la moitié du temps de travaux publics infligé.

Loi du 15 juin 1899. — Cette loi ne sera, pour le moment, appliquée qu'aux justiciables des colonies de la Martinique (1), de la Guadeloupe et de la Réunion (2), où la loi du 8 décembre 1897 est applicable en vertu de son article 14.

On se conformera, pour son application, aux circulaires et solutions du 20 juin 1899 (É. M., vol. n° 56 *bis*), 28 janvier 1903, (É. M., vol. n° 59⁴), 29 janvier 1903 (É. M., vol. n° 56 *bis*) et 23 février 1903 (É. M., vol. n° 56 *bis*) (3).

Si, par la suite, la loi du 8 décembre 1897 était déclarée applicable dans d'autres colonies que la Martinique, la Guadeloupe et la Réunion, il doit être entendu que la loi du 15 juin 1899 n'y serait également appliquée que si elle faisait l'objet d'une promulgation spéciale. En effet, les conditions particulières de fonctionnement de la justice militaire dans certaines colonies pourraient empêcher que l'on étendît aux inculpés militaires le bénéfice accordé par la loi de 1897 aux inculpés civils. D'une part, les localités où siégeront les conseils de guerre pourront être dépourvues d'avocats ou d'avoués, ou n'en posséder qu'un petit nombre auxquels on serait obligé d'imposer une tâche excessive, puisque, d'après les déclarations faites au Sénat lors de la discussion de la loi du 15 juin 1899, les militaires désignés comme défenseurs d'office ne peuvent pas être admis à assister les prévenus dans l'instruction. D'autre part, les officiers de

---

(1) La loi n'étant pas applicable à la Guyane, les conseils de guerre de la Martinique, qui ont la Guyane dans leur ressort, n'auront pas à l'appliquer quand il s'agira d'un inculpé de cette colonie.

(2) Tous les justiciables de la Réunion devront être envoyés devant le conseil de guerre de cette colonie, qui appliquera la loi du 15 juin 1899, et l'on ne devra, dans aucun cas, les envoyer devant un des conseils de Madagascar où la loi n'est pas applicable.

Notamment si, après recours en revision, une affaire concernant un justiciable de la Réunion devait être envoyée devant un autre conseil, on ne pourrait pas désigner l'un des conseils de Madagascar et on devrait renvoyer l'affaire devant un conseil de guerre de la métropole, afin que l'inculpé puisse bénéficier de la loi.

(3) Les recommandations générales figurant dans la 2º partie de cette circulaire devront être observées par tous les officiers de police judiciaire militaire aux colonies.

police judiciaire étant déjà, d'après la jurisprudence, sans droit de forcer les témoins à comparaître, si, par surcroît, ils étaient, comme conséquence de la loi du 15 juin 1899, obligés d'avertir les inculpés qu'ils peuvent se refuser à faire des déclarations ou à être confrontés, les informations préalables aux corps risqueraient de ne plus rien donner et on serait obligé de citer tous les témoins devant le conseil, ce qui entraînerait des frais et des retards considérables dans les colonies étendues.

Il doit être entendu que, conformément aux circulaires du 31 décembre 1899 et 22 décembre 1900 (Guerre), la loi du 5 août 1899-11 juillet 1900 sur le casier judiciaire et la réhabilitation de droit sera également appliquée aux condamnés militaires dans les colonies où elle aura été promulguée.

Art. 9. S'il y a au siège du gouvernement général ou dans la colonie principale du groupe plusieurs conseils de guerre, il appartiendra au gouverneur général ou au gouverneur de la colonie principale de désigner celui de ces conseils qui sera chargé de centraliser les archives judiciaires de tous les conseils de guerre du groupe. Naturellement, le conseil ainsi désigné ne devra pas être déplacé à moins de nécessité absolue.

Art. 10. Comme précédemment, les conseils de revision des colonies ne comprendront que trois juges ; mais ceux-ci seront désignés conformément à l'article 41 du Code de justice militaire pour l'armée de terre. Ils devront, par suite, être pris : le président, parmi les colonels et les lieutenants-colonels, sous réserve qu'il sera d'un grade au moins égal à celui de l'accusé ; les deux autres membres, parmi les chefs de bataillon, d'escadron ou majors ; sans que les grades des juges puissent être abaissés au-dessous de ces fixations.

Le commissaire du gouvernement devra être un officier ou un commissaire des troupes coloniales du grade ou rang au moins de capitaine ; les substituts pourront être pris soit parmi les officiers, soit dans le commissariat des troupes coloniales sans limitation de grade.

La désignation des membres des conseils de revision aura lieu comme il a été dit à l'article 7 pour les conseils de guerre. On devra établir pour les juges du conseil de revision un tableau analogue à celui des juges des conseils de guerre.

S'il y a un conseil de guerre établi dans la même place, le tableau du conseil de revision, ne devant comprendre que des officiers âgés de 30 ans accomplis, sera naturellement distinct de celui du conseil de guerre, mais il pourra comporter des officiers figurant sur le tableau du conseil de guerre, sous la réserve que la désignation pour l'un des conseils rendra indisponible pour l'autre. D'ailleurs, en vertu des articles 31 et 34 du

Code, aucun officier ayant fait partie du conseil de guerre pour le jugement d'une affaire ne peut siéger au conseil de revision pour la même affaire.

Bien que, conformément aux errements antérieurs, on ait maintenu, dans le nouveau décret, des conseils de revision spéciaux pour les colonies, il paraît intéressant d'étudier si l'on ne pourrait rattacher toutes les colonies au conseil de revision de Paris, afin d'assurer, dans les possessions d'outre-mer comme dans la métropole, l'unité de jurisprudence et d'éviter les erreurs d'interprétation du Code que peuvent commettre les conseils de revision composés, comme cela a lieu forcément aux colonies, d'officiers de grades peu élevés et changés fréquemment.

MM. les gouverneurs généraux et gouverneurs des colonies principales devront examiner cette question, de concert avec les commandants supérieurs, et, après avoir suivi attentivement pendant un an le fonctionnement des nouveaux conseils de revision, ils feront connaître au Ministre de la guerre, par l'intermédiaire du Ministre des colonies, dans un rapport motivé adressé à la suite de l'inspection générale de 1904, leur avis au sujet du maintien ou de la suppression du conseil de revision de leur groupe.

CHAPITRE III.

DES CONSEILS DE GUERRE ET DES CONSEILS DE REVISION DANS LES COLONIES DÉCLARÉES EN ÉTAT DE SIÈGE ET DANS LES PLACES DE GUERRE DES COLONIES ASSIÉGÉES OU INVESTIES.

Art. 11. Dans le décret du 4 octobre 1889, on avait prévu que, dans le cas d'état de siège, les attributions judiciaires des gouverneurs passaient au « commandant de l'état de siège ». Il en serait résulté qu'après avoir proclamé l'état de siège, comme l'article 3 de la loi du 9 août 1849 lui en donne le droit, le gouverneur aurait, en quelque sorte, abdiqué entre les mains du commandant des troupes et se serait affranchi de toute responsabilité au sujet des conséquences de l'état créé par lui.

Il n'a pas paru possible de maintenir une disposition de cette nature.

Si l'état de siège a pour effet de faire passer *à l'autorité militaire* tous les pouvoirs dont l'autorité civile était revêtue pour le maintien de l'ordre et de la police et d'étendre la compétence des conseils de guerre aux crimes et délits contre la sûreté de l'Etat, contre la Constitution et contre l'ordre et la paix publics, dont l'autorité militaire juge utile de se saisir, il s'agit de savoir qui, aux colonies, représente *l'autorité militaire* sous ce rapport.

Or, d'après la loi du 7 juillet 1900, les gouverneurs ont, *sous leur haute autorité*, les commandants des troupes ; d'autre part, d'après le décret, on leur donne la direction supérieure de la justice militaire : il semble donc qu'en cas d'état de siège, c'est entre les mains du gouverneur que doivent être centralisés les pouvoirs spéciaux dévolus par la loi de 1849 à l'autorité militaire, et le fait que c'est le gouverneur qui se donnera lui-même ces pouvoirs ne saurait y faire obstacle, puisque la situation est la même dans les places fortes, lorsque le commandant de la place déclare l'état de siège en vertu de la loi du 10 juillet 1791.

L'article 11 du décret maintient, en conséquence, dans l'état de siège, aux autorités coloniales, les pouvoirs judiciaires qui leur sont dévolus en temps normal, mais en faisant exercer, respectivement, par le gouverneur de la colonie en état de siège et par le commandant des détachements de troupe de cette colonie les attributions conférées par les articles 6 et 7 au gouverneur général ou au gouverneur de la colonie principale du groupe et au commandant supérieur des troupes.

De plus, par analogie avec ce qui se passe dans les places assiégées ou investies, les gouverneurs des colonies en état de siège auront le droit, soit de déplacer les tribunaux militaires dont la colonie serait pourvue, soit de créer ceux qui seraient nécessaires à la colonie pour que le service de la justice militaire y soit assuré d'une manière rapide et autonome, sans avoir à recourir aux conseils de guerre normaux siégeant dans d'autres colonies.

Art. 12. L'article 12 vise les places des colonies qui seront assiégées ou investies ; toutes les prescriptions du Code de justice militaire concernant les places dans cette situation doivent alors être intégralement appliquées et le commandant de la place doit avoir tous les pouvoirs judiciaires.

CHAPITRE IV.

DES CONSEILS DE GUERRE ET DES CONSEILS DE REVISION DANS LES TROUPES D'OPÉRATIONS AUX COLONIES OU DANS LES PAYS DE PROTECTORAT.

Art. 13. L'article 13 traite de l'organisation du service de la justice militaire dans les troupes qui sont appelées à exécuter des opérations de guerre aux colonies ou dans les pays de protectorat.

Dans ce cas, l'on doit appliquer sans restriction toutes les dispositions du Code relatives à la compétence, à la composition des conseils de guerre et de revision aux armées et à la procédure devant ces conseils.

Conformément à l'article 33 du Code, il appartiendra au Ministre de la guerre de prescrire, s'il le juge utile, par arrêté rendu après entente avec le Ministre des colonies, la constitution dans le corps d'opérations, selon son effectif, de conseils de guerre, de *détachement*, de *division*, de *corps d'armée* ou *d'armée*, ayant respectivement la compétence prévue par les articles 65, 66 et 67, fonctionnant sous la direction exclusive des commandants des formations correspondantes.

Le Ministre de la guerre ordonnera aussi, s'il y a lieu, d'accord avec le Ministre des colonies, la création, au quartier général du commandant en chef, d'un conseil de revision dans les conditions fixées par les articles 38 à 51, à moins que le droit de recours n'ait été suspendu par décret rendu en conseil des Ministres, conformément au paragraphe 2 de l'article 71.

Le Ministre de la guerre peut, d'ailleurs, ne pas constituer de conseil de revision spécial dans les troupes d'opérations, en rattachant celles-ci, conformément à l'article 42, au conseil de revision permanent du groupe de colonies correspondant ou d'un groupe voisin. Il peut aussi ne pas y constituer de conseils de guerre spéciaux, en laissant le corps d'opérations sous la juridiction des conseils de guerre normaux du groupe ou en le rattachant à des conseils de guerre permanents des colonies ou de la métropole désignés à cet effet.

En tout cas, le Ministre de la guerre fixe, après entente avec le Ministre des colonies, les conseils de guerre permanents auxquels seront rattachées les troupes d'opérations, soit quand il y aura impossibilité de constituer les tribunaux d'armée, faute de juges du grade requis pour le jugement d'un officier (paragraphe final de l'article 35), soit pour juger les officiers échappant par leur grade à la compétence des tribunaux d'armée, par exemple les officiers supérieurs, si le corps d'opérations, étant inférieur à un corps d'armée, n'a qu'un conseil de détachement ou de division qui, d'après l'article 65, n'est compétent qu'à l'égard des inculpés jusqu'au grade de capitaine inclus.

De plus, on a cru nécessaire de prévoir le cas d'urgence où, les opérations ayant dû être engagées inopinément, le Ministre de la guerre ne pourrait pas donner à temps les ordres ci-dessus ; dans ce cas, ces ordres seraient donnés par le gouverneur général ou le gouverneur de la colonie principale du groupe où se forme le corps d'opérations, après avis du commandant supérieur des troupes de ce groupe, par délégation du Ministre de la guerre et à charge d'en rendre compte le plus tôt possible.

Lorsque des inculpés d'un corps d'opérations doivent être jugés par un conseil de guerre permanent, le Code ne spécifie pas quelle est la procédure à suivre ; mais il paraît résulter de l'ensemble de ses dispositions que le commandant du corps d'opérations devra adresser la plainte, avec, s'il y a lieu, les actes de police judiciaire exécutés sur place, à l'autorité dont relève le conseil à saisir, en même temps qu'il fera mettre l'inculpé à sa disposition, et que c'est à cette autorité qu'il appartiendra de poursuivre l'affaire, en donnant l'ordre d'informer ; puis, le cas échéant, l'ordre de mise en jugement, selon les formes de procédure normales.

Les Ministres de la guerre et des colonies ont examiné, au sujet de l'article 13, si, en l'état actuel, il y avait des colonies ou des pays de protectorat qui fussent susceptibles d'être placés sous le régime de la justice militaire aux armées, et il leur a paru que le régime normal pouvait être appliqué à toutes les colonies et tous les pays de protectorat, sauf aux troupes d'occupation en Chine, qui resteront soumises aux règles actuelles (1).

En effet, en dehors de ces troupes, il n'y a, en ce moment, soumis au régime de justice militaire aux armées que le territoire du Tchad, le troisième territoire militaire de l'Afrique occidentale et les protectorats de l'Indo-Chine.

Or, pour le Tchad, le décret du 5 juillet 1902 a dit formellement que ce pays « cesserait de constituer un territoire militaire », il doit donc être rattaché aux conseils de guerre permanents du Congo, sauf à placer un de ces conseils dans ce territoire.

En ce qui concerne les territoires militaires de l'Afrique *occidentale*, le décret les pourvoit, concurremment avec la Sénégambie et le Niger, de deux conseils de guerre permanents ; il devient donc inutile de constituer des conseils spéciaux dans le troisième territoire ; il suffira d'y placer le siège de l'un de ces conseils de guerre permanents, lequel aura une compétence plus étendue que le simple conseil de détachement que l'on pourrait former dans les troupes peu nombreuses de ce territoire.

Quant à l'*Indo-Chine*, il y a lieu de remarquer que, si le commandant supérieur des troupes exerce les pouvoirs judiciaires à l'égard des protectorats, il ne les a pas sur les autres troupes de son commandement stationnées en Cochinchine.

Pour faire disparaître cette anomalie, ainsi que les différences de traitement qui en résultent entre les inculpés des diverses

---

(1) Les conseils de guerre aux armées formés dans les troupes d'occupation de la Chine seront maintenus.

Les recours en revision formés contre les jugements de ces conseils continueront à être portés devant le conseil de revision de Paris. En cas d'impossibilité de constituer dans ces troupes les conseils de guerre, et pour le jugement des officiers échappant par leur grade à la compétence de ces conseils, ces troupes seront rattachées au conseil de guerre permanent de la 15e région.

parties de la colonie, il a paru utile de centraliser désormais tout le service de la justice militaire des troupes de l'Indo-Chine entre les mains du gouverneur général, dans les conditions normales, ce qui permettra au commandant supérieur d'intervenir par ses avis dans la procédure des affaires concernant non seulement les troupes des protectorats, mais encore celles de la Cochinchine.

Au surplus, si, après la promulgation du décret, le gouverneur général et le commandant supérieur des troupes de l'Indo-Chine jugent qu'il y ait lieu de considérer telle ou telle partie des troupes de la colonie comme étant en opérations, rien n'empêchera, par un arrêté ministériel, de constituer dans ces troupes des conseils de guerre spéciaux, relevant soit de leurs chefs immédiats, soit du commandant supérieur des troupes de l'Indo-Chine, tout en laissant les autres troupes relever des conseils normaux.

TITRE II.

Compétence spéciale des tribunaux militaires aux colonies.

Art. 14. En outre de leur compétence normale, les conseils de guerre et de revision des colonies doivent recevoir compétence sur deux catégories spéciales de justiciables, à savoir :

1° Les personnels de l'administration des colonies, tels que les surveillants militaires de l'administration pénitentiaire (décret du 20 novembre 1867) et les agents civils du commissariat et comptables des matières des colonies (décret du 28 janvier 1903), qui, quoique n'étant pas assimilés aux militaires, sont déclarés, en vertu de lois et décrets spéciaux, justiciables des conseils de guerre ;

2° Les condamnés à la déportation et leurs complices, lorsqu'ils sont justiciables des conseils de guerre, en vertu des articles 2 et 3 de la loi du 25 mars 1873.

Pour les personnels de la 1re catégorie, il sera nécessaire que l'acte les ayant soumis à la juridiction militaire spécifie, comme le fait le décret du 28 janvier 1903 pour les agents civils du commissariat, quelle devra être la composition du conseil de guerre pour le jugement des agents des divers grades, ou fixe, sous ce rapport, une assimilation avec les grades militaires, qui puisse servir de base à la formation des conseils. Sinon, les conseils devraient être composés comme pour le jugement des simples soldats (art. 18 du Code de justice militaire).

Il doit être entendu que, jusqu'à ce que la législation soit modifiée, les condamnés aux travaux forcés continueront à être jugés par les tribunaux maritimes spéciaux, constitués en vertu du décret du 4 octobre 1889 portant organisation de ces tribunaux dans les colonies affectées à la transportation, et que les troupes coloniales n'auront à intervenir dans le fonctionnement de cette juridiction que pour lui fournir, à défaut d'officiers des corps de la marine, ceux qui seront nécessaires pour constituer le tribunal maritime.

Le cas échéant, c'est le gouverneur de la colonie où se formera le tribunal qui désignera ces officiers, sur la proposition du commandant des détachements.

DISPOSITIONS ABROGÉES.

Art. 15 On doit considérer comme abrogées, à titre de dispositions contraires au nouveau décret :

1° Toutes les dispositions contraires du décret du 4 octobre 1889 sur l'application du Code de la justice maritime aux colonies, lequel va d'ailleurs être prochainement abrogé par un nouveau décret préparé par le ministère de la marine ;

2° Tous les décrets antérieurs relatifs à la constitution des conseils de guerre dans les diverses colonies et les différents pays des protectorats coloniaux.

Art. 16. L'article 16 est relatif aux dispositions transitoires à adopter pour passer de l'ancienne organisation à la nouvelle.

Il dispose que, dès la promulgation du décret, toutes les affaires nouvelles concernant les catégories de justiciables visées aux articles 5 et 14 seront jugées conformément au décret, c'est-à-dire par les nouveaux conseils de guerre et conseils de revision organisés en vertu de ce décret, mais que les affaires engagées devant les anciens conseils seront poursuivies conformément aux décrets des 4 octobre 1889 et 6 janvier 1901.

Par les mots *dès la promulgation du décret*, on doit entendre à partir de la date à laquelle le décret se trouvera promulgué dans chaque colonie, date qui pourra être différente, selon les colonies.

Il appartiendra aux gouverneurs généraux et aux gouverneurs des colonies principales des groupes, dès que le décret sera promulgué au siège de leur gouvernement, de fixer, après entente avec les commandants supérieurs des troupes, les sièges des divers conseils, conformément au tableau annexé au décret et d'inviter les gouverneurs des colonies où siégeront ces conseils à les constituer immédiatement. On pourra d'ailleurs maintenir, au titre de la nouvelle organisation, certains des conseils de guerre et de revision existants, en les reconstituant conformément aux nouvelles bases adoptées.

Il a été entendu avec le ministère de la marine qu'au fur et à mesure de l'extinction des affaires engagées devant les anciens conseils, ceux-ci seraient supprimés et que la partie de leurs archives concernant les justiciables visés aux articles 5 et 14 du décret, qui auront été jugés depuis la mise en vigueur du décret du 6 janvier 1901, seraient versées au ministère de la guerre, le restant des archives étant versé au ministère de la marine.

Chaque Département réglera la destination à donner à ses archives.

En ce qui concerne celles devant revenir à la guerre, il y aura lieu de prendre les mesures suivantes :

a) Pour les conseils de revision, on versera les archives aux greffes des nouveaux conseils de revision, c'est-à-dire que, si l'on maintient au titre de la nouvelle organisation, les anciens conseils de revision siégeant à Fort-de-France, Saint-Louis, Nouméa, Tananarive et Saïgon, on versera :

Au conseil de revision de Fort-de-France les archives des anciens conseils de revision de Basse-Terre (Guadeloupe) et Cayenne (Guyane) ;

Au conseil de revision de Tananarive, les archives de l'ancien conseil de revision de Saint-Denis (Réunion) ;

Au conseil de revision de Saïgon, les archives de l'ancien conseil de revision d'Hanoï.

b) Pour les conseils de guerre, on versera les archives aux greffes des nouveaux conseils de guerre désignés, conformément à l'article 9, pour centraliser dans chaque groupe les archives judiciaires des conseils de guerre du groupe. Par exemple, si l'on désigne à cet effet les conseils de guerre siégeant actuellement à Fort-de-France, Saint-Louis, Nouméa, Tananarive et Saïgon, en maintenant ces conseils au titre de la nouvelle organisation, on versera :

Au 1er conseil de guerre de Fort-de-France, les archives des anciens conseils de guerre de Basse-Terre et Cayenne ;

Au conseil de guerre de Saint-Louis, les archives des anciens conseils de guerre de Dakar, Kati et du Gabon ;

Au 1er conseil de guerre de Nouméa, les archives de l'ancien conseil de guerre de Taïti ;

Au conseil de guerre de Tananarive, les archives des anciens conseils de guerre de Diégo-Suarez et Saint-Denis (Réunion) ;

Au 1er conseil de guerre de Saïgon, les archives des anciens conseils de guerre d'Hanoï et du 2e conseil de guerre de Saïgon.

Les ordres pour le versement des archives devront d'ailleurs être donnés par les gouverneurs généraux ou les gouverneurs des colonies principales des groupes, qui rendront compte des mesures prescrites par eux au Ministre de la guerre.

DISPOSITIONS DIVERSES.

Les divers conseils de revision et conseils de guerre **perma-**nents constitués dans les colonies prendront le nom de la colo-nie où ils sont établis, par exemple :

Conseil de revision permanent de la Martinique, siégeant à...

1er conseil de guerre permanent du Sénégal, siégeant à...
(Si l'on établit dans le Sénégal les deux conseils de guerre pre-vus pour le Sénégal et la Guinée).

Conseil de guerre permanent de la Sénégambie et du Niger, siégeant à.....

Conseil de guerre permanent du 3e territoire militaire de l'A-frique occidentale, siégeant à....

Si les deux conseils de guerre prévus pour ces colonies sont placés, l'un dans le territoire de la Sénégambie et du Niger, l'autre dans le 3e territoire militaire de l'A-frique occidentale.

On se conformera, pour l'administration des conseils en ce qui concerne l'engagement et le payement des diverses dépenses des tribunaux militaires, les taxations des témoins, experts, interprètes et traducteurs, les primes de capture et les frais de justice, ainsi que pour les pièces périodiques à fournir au Mi-nistre de la guerre (Direction du Contentieux et de la Justice militaire ; Bureau de la Justice militaire) aux indications géné-rales de l'instruction du 21 décembre 1899 sur les dépenses des tribunaux militaires et d'administration de ces tribunaux (É. M., vol. n° 59³), mais, en suivant pour la comptabilité les règles en usage dans les troupes coloniales.

Les formules à employer seront celles en usage pour les conseils de guerre métropolitains (modèles joints au vol. n° 56 du *Bulletin officiel* du ministère de la guerre). Elles seront four-nies par le Ministre de la guerre, à qui les demandes devront être adressées dans les conditions prévues par l'article 44 de l'instruction du 21 décembre 1899, précitée.

On fera observer, au sujet des amendes, qu'elles ne sont pas passibles des décimes additionnels et que le prix du timbre de quittance administrative des frais de justice ne doit pas être compris dans le décompte des frais de justice.

Personnellement, les officiers et militaires des divers grades détachés pour le service des tribunaux militaires coloniaux se-ront administrés et payés par leurs corps respectifs, les offi-ciers comptant à l'état-major particulier de leur arme ou les officiers d'administration, greffiers du service de la justice mili-taire, détachés aux colonies, étant administrés comme officiers sans troupe. Il doit être entendu que les commissaires du gou-vernement et les commissaires rapporteurs, devant être pris

parmi les officiers en activité, n'ont pas droit à l'indemnité judiciaire.

---

*Instruction sur le mode d'exécution des peines prononcées
contre les militaires appartenant à des corps stationnés aux
colonies* (1).

(Direction du Contentieux et de la Justice militaire ; Direction
des Troupes coloniales et Ministère des Colonies ; Bureau militaire.)

Paris, le 13 novembre 1903.

La présente instruction, qui abroge tous les documents antérieurs sur le même objet, a pour but de fixer dans quelles conditions les militaires des troupes coloniales ou des autres troupes de l'armée de terre, condamnés aux colonies, seront appelés
à subir leur peine.

Art. 1er. Sont remis au service pénitentiaire colonial, qui est
chargé de leur faire subir leur peine ou de les faire transférer
sur leur destination pénale soit en France, soit dans les colonies, les militaires, condamnés aux colonies, appartenant aux
catégories ci-après :

1° Tous les militaires européens ou indigènes condamnés à
une peine entraînant l'exclusion de l'armée;

2° Les militaires indigènes et les militaires français originaires des colonies, condamnés à l'emprisonnement pour quelque durée que ce soit ;

3° Les militaires autres que les indigènes ayant encouru, soit
pendant leur service, soit avant, soit depuis l'incorporation
pour des faits antérieurs à celle-ci, une condamnation à l'emprisonnement d'une durée inférieure ou égale à six mois, n'entraînant pas l'envoi aux bataillons d'infanterie légère d'Afrique.

Toutefois, lorsqu'il y a, dans la colonie, une prison militaire,
les condamnés des 2e et 3e catégories ci-dessus, ayant encouru
des peines d'une durée inférieure à trois mois d'emprisonnement, peuvent, si la capacité de la prison le permet, subir leur
peine dans cette prison par les soins de l'autorité militaire.

---

(1) Mise à jour par l'incorporation dans le texte des modifications
qui y ont été apportées par les notifications des 8 août 1905, 6 juin
1906 et 1er août 1908.

Art. 2. Sont dirigés par l'autorité militaire sur la France ou l'Algérie pour y subir leur peine :

1° Tous les militaires condamnés à la peine des travaux publics ;

2° Tous les militaires autres que les indigènes des colonies, condamnés à l'emprisonnement pour quelque durée que ce soit et qui doivent, lors de leur élargissement, être affectés à un bataillon d'infanterie légère d'Afrique (1) ;

3° Les militaires indigènes et étrangers provenant des corps spéciaux de l'Algérie et de la Tunisie, condamnés, pour quelque motif que ce soit, à plus de six mois d'emprisonnement ;

4° Tous les militaires européens condamnés pour des faits n'entraînant pas l'envoi aux bataillons d'infanterie légère d'Afrique à une peine d'emprisonnement de plus de six mois.

Toutefois, ceux des condamnés de cette catégorie auxquels, lorsque le jugement devient définitif, il ne reste plus, déduction faite de la détention préventive, que moins de six mois à subir, devront être maintenus dans la colonie pour y terminer leur peine.

Art. 3. Les militaires des 1re, 2e et 3e catégories indiquées à l'article précédent doivent être dirigés sur l'Algérie, s'ils peuvent être embarqués sur un paquebot faisant escale dans ce pays ; dans le cas contraire, ils sont dirigés sur la France et de là sur l'Algérie.

Les militaires de la 4e catégorie doivent être dirigés sur la France.

Les militaires condamnés aux colonies qui sont débarqués en Algérie ou en France sont remis à la gendarmerie du port de débarquement, qui provoque du général commandant la région les ordres relatifs à leur destination.

Le général commandant le 19e corps répartit ceux qui débar-

---

(1) Voir le décret du 8 septembre 1899-2 novembre 1902, concernant le recrutement des bataillons d'infanterie légère d'Afrique et l'instruction du 19 décembre 1899-12 novembre 1902, sur ces bataillons, art. 12, § B, ainsi conçu :

« Dans les régiments étrangers, dans les régiments de tirailleurs algériens et de spahis, dans les troupes sahariennes et dans les troupes indigènes aux colonies, les Français seuls et les militaires servant au titre français sont susceptibles d'être envoyés aux bataillons d'infanterie légère d'Afrique; les étrangers ou les indigènes et les militaires servant au titre étranger ou indigène qui ont été condamnés sont renvoyés à leur corps. »

» Les condamnés des corps spéciaux ci-dessus tombant sous le coup des paragraphes 3°, 4°, 6° et 7° du décret du 8 septembre 1899, sont placés dans les sections de discipline organisées pour ces corps. »

quent en Algérie entre les divers établissements pénitentiaires de l'Algérie.

Pour ceux qui débarquent en France, le général commandant la région, les répartit, d'après la nature et la durée de la condamnation qu'ils ont à subir, déduction faite du temps de la traversée, entre les établissements pénitentiaires de la France et de l'Afrique, conformément aux règles générales posées par l'instruction du 10 décembre 1900 et par la circulaire du 21 septembre 1903 (Guerre) pour les hommes provenant des troupes coloniales de la métropole ; il dirige toujours sur l'Algérie les militaires de la 3ᵉ catégorie.

Art. 4. La proportion des condamnés ou des disciplinaires à admettre à bord des paquebots, pour le transport en France ou d'une colonie à l'autre, doit être telle qu'il y ait, au moins, à bord six rapatriés valides pour un condamné ou disciplinaire à transporter, afin qu'un tour de garde régulier de deux heures de jour et de deux heures de nuit puisse être assuré. Cette prescription est générale et ne souffre d'autre restriction que celle qui résulte de la nécessité de ne pas dépasser le maximum de disciplinaires ou de condamnés que certaines compagnies ont pu s'engager à transporter à bord du même navire.

Art. 5. Tout condamné militaire remis au service pénitentiaire colonial ou rapatrié doit être accompagné des pièces réglementaires (extrait de jugement et, s'il y a lieu, ordre de transfèrement), dont les autorités à qui il est successivement remis ou dont les commandants des bâtiments doivent exiger la remise, en même temps que celle de l'homme.

De plus, pour tout militaire condamné par un conseil de guerre aux colonies, il doit être établi, lors de sa condamnation, un avis d'écrou du modèle A. Cet avis, qui est joint à l'extrait de jugement, accompagne le condamné jusqu'au lieu de détention où il doit subir sa peine ; la formule finale est alors complétée et signée par le chef de l'établissement pénitentiaire et l'avis est adressé immédiatement, sans lettre d'envoi ni bordereau, au Ministre de la guerre (Direction du Contentieux et de la Justice militaire ; Bureau de la Justice militaire).

Art. 6. Les militaires non exclus de l'armée, qui subissent leur peine dans des établissements du service pénitentiaire colonial sont entièrement administrés par ce service et sont soumis au même régime que les détenus civils ; toutefois ceux qui ont été condamnés pour délits militaires (art. 209 à 247 et 266 du Code de justice militaire) doivent être séparés des autres détenus.

Pour tous ces militaires, le chef de l'établissement doit adresser au Ministre de la guerre (Direction du Contentieux et de la Justice militaire ; Bureau de la Justice militaire) :

1° Mensuellement, un état de situation (modèle n° 2 de l'instruction du 10 décembre 1900 sur les établissements pénitentiaires ; Guerre) ;

2° Trimestriellement, un état de moralité (modèle n° 7 de la même instruction) ;

3° Quand il y a lieu, des états de proposition (modèle n° 8 de la même instruction) établis conformément à l'article 7 ci-après et accompagnés de notices individuelles (modèle n° 9).

Le chef de l'établissement adresse, en outre, le 1er de chaque mois, au commandant des troupes de la colonie, un état (modèle n° 10 de la même instruction) des détenus dont la peine doit expirer dans le courant du mois suivant. Cet état est destiné à permettre l'affectation, en temps utile, des détenus élargis à un corps de troupes, dans les conditions prévues par l'article 8 ci-après.

Art. 7. Des propositions pour une mesure de clémence peuvent être établies en faveur des individus condamnés par les conseils de guerre qui subissent leur peine aux colonies et qui s'en rendent dignes par leur bonne conduite :

a) Pour les individus condamnés à une peine supérieure à une année, quand ils en ont subi la moitié ;

b) Pour les individus condamnés à une peine d'une durée supérieure à six mois ou égale à un an, dès qu'ils ont subi trois mois de leur peine ;

c) Pour les individus condamnés à une peine d'une durée inférieure ou égale à six mois, quand ils ont subi un mois.

En ce qui concerne les condamnés de la catégorie a), ces propositions sont établies, en principe, deux fois par an. Les états doivent parvenir au Ministre de la guerre au plus tard le 1er octobre et le 1er avril de chaque année et comprendre les détenus qui, soit à la date du 1er janvier suivant, soit à celle du 14 juillet, se trouveraient avoir accompli au moins la moitié de leur peine.

Pour les condamnés des deux autres catégories les propositions sont établies dès l'expiration du troisième ou du premier mois.

De plus, il peut être établi à toute époque de l'année des propositions de grâce en faveur des condamnés qui ont accompli un acte de courage ou de dévouement.

Des propositions de grâce peuvent aussi être établies à toute époque de l'année pour les condamnés atteints de maladies contagieuses ou incompatibles avec le régime pénitentiaire.

Ces diverses propositions doivent être revêtues de l'avis du gouverneur général ou du gouverneur de la colonie principale du groupe, et transmises par leurs soins au Ministre de la guerre (Direction du Contentieux et de la Justice militaire), par l'intermédiaire du Ministre des colonies

Dans le cas où un condamné aurait, postérieurement à l'envoi de la proposition le concernant, commis une faute le rendant indigne d'une mesure de clémence, il y aurait lieu de ne pas lui notifier la décision gracieuse intervenue en sa faveur et d'adresser au Ministre de la guerre (Direction du Contentieux et de la Justice militaire) un rapport sur les faits qui ont motivé cette détermination. Le Ministre examinerait, alors, s'il convient de demander au chef de l'Etat de rapporter sa décision.

Art. 8. Lors de leur élargissement, les militaires qui ont subi leur peine dans une colonie et qui sont encore astreints au service sont remis au commandant des troupes de la colonie, qui les affecte, ou les fait affecter, selon leur provenance, à un corps de leur arme d'origine, conformément aux règles suivantes :

1° Les hommes provenant de l'infanterie coloniale ou des sections de télégraphistes, de secrétaires d'état-major, de secrétaires et ouvriers du commissariat et d'infirmiers coloniaux, sont réintégrés dans des corps d'infanterie coloniale ;

2° Les hommes provenant de l'artillerie coloniale et des compagnies d'ouvriers et d'artificiers de cette arme, sont réintégrés dans des corps d'artillerie coloniale ;

3° Les hommes des deux catégories précédentes ne doivent jamais être réintégrés dans leur corps d'origine et il convient d'éviter, autant que possible, de les affecter à un corps tenant garnison dans la même ville que le corps primitif.

Si ces conditions ne peuvent pas être remplies dans la colonie où l'homme est libéré, le commandant des troupes en réfère au commandant supérieur des troupes du groupe dont fait partie la colonie, qui prononce l'affectation de l'homme à un corps d'une autre colonie ou qui, à défaut, provoque une décision ministérielle d'affectation.

Les militaires de ces catégories ne sont incorporés dans des corps des colonies que pour une durée égale à la période de séjour colonial qu'il leur restait à parfaire au moment de leur condamnation, déduction faite du temps de la détention subie aux colonies. Si cette durée est inférieure à deux mois, l'homme est renvoyé en France ;

4° Les militaires qui proviennent d'une unité de discipline coloniale sont affectés à une autre unité de discipline du groupe de colonies ou, à défaut, sont renvoyés au dépôt d'Oléron pour être dirigés sur une autre unité de discipline ;

5° Les militaires indigènes, selon qu'ils proviennent d'un

corps européen comportant des indigènes ou d'un corps indigène, sont réintégrés dans un corps de même nature que le corps primitif et autant que possible autre que celui-ci ; ceux qui viennent d'une section de discipline, ou qui ont été condamnés pour des faits de nature à motiver, aux termes du décret du 8 septembre 1899-2 novembre 1902 (Guerre), l'envoi aux bataillons d'infanterie légère d'Afrique, sont affectés à la section de discipline d'un corps de même nature et, s'il se peut, autre que le corps primitif ;

6° Les condamnés provenant de troupes métropolitaines détachées aux colonies sont affectés à un corps ou détachement métropolitain de même arme de la colonie, s'il y en a ; à défaut ils sont renvoyés en France, où le général commandant la région où se trouve le port de débarquement provoque une décision ministérielle d'affectation ;

7° Les militaires ayant encouru une condamnation à l'exécution de laquelle il aura été sursis par application de la loi du 28 juin 1904, sont réintégrés dans leur corps d'origine où ils sont changés d'unité et, si possible, de garnison dans la même colonie.

Art. 9. Les militaires condamnés aux colonies, qui ont subi leur peine en France ou en Algérie, sont réintégrés, lors de leur élargissement, dans un corps de troupes conformément aux règles générales fixées par la circulaire du 12 novembre 1902.

AVIS D'ÉCROU.

Cet imprimé doit être établi lors de toute condamnation prononcée par un conseil de guerre aux colonies. Il accompagne le condamné jusqu'au lieu de détention où il doit subir sa peine ; la formule est alors complétée par le chef de l'établissement pénitentiaire et adressée immédiatement, sans lettres d'envoi ni bordereau, au Ministre de la guerre (Direction du Contentieux et de la Justice militaire), par la voie hiérarchique et par l'intermédiaire du Ministre des colonies.

(A) Nom, prénoms, grade et corps.
(B) Désignation de l'établissement pénitentiaire où a été écroué le condamné.

MODÈLE A.

Art. 5 de l'instruction du 13 novembre 1903.

JUSTICE MILITAIRE

Le nommé (A)

condamné le   19 , par le

séant à

à la peine de

a été écroué le   19 .

à (B)

Fait à   le   19 .

Le

A M. le Ministre de la guerre (Direction du Contentieux et de la Justice militaire ; Bureau de la Justice militaire).

Arrêté créant un conseil de guerre aux armées pour le détache-
ment d'occupation du Cameroun.

(Direction des Troupes coloniales; Bureau technique.)

Paris, le 14 juillet 1916.

Art. 1er. Les conseils de guerre aux armées qui ont été formés en exécution de l'arrêté du 30 juin 1915, modifiant l'article 2 de l'arrêté du 28 octobre 1914, auprès des colonnes opérant au Cameroun, sont supprimés.

Art. 2. Le détachement d'occupation du Cameroun est placé sous le régime de la justice militaire aux armées, conformément à l'article 13 du décret du 23 octobre 1903.

Art. 3. Il sera formé dans ce détachement un conseil de guerre conformément à l'article 33 du Code de justice militaire.

Art. 4. S'il est impossible de constituer ce conseil de guerre faute de militaires du grade requis, ou s'il y a lieu de juger des officiers du détachement échappant par leur grade à la compétence du tribunal, l'affaire sera jugée par l'un des conseils de guerre permanents du Sénégal, conformément à l'article 13 du décret du 23 octobre 1903 et à l'article 42 du Code de justice militaire.

Art. 5. Le détachement du Cameroun est rattaché au conseil de revision du Sénégal, qualifié pour recevoir les pourvois en revision formés, par application du décret du 6 juillet 1916, contre les condamnations à mort prononcées par les conseils de guerre aux armées.

Le Ministre des colonies,
Gaston DOUMERGUE.

Le Ministre de la guerre,
ROQUES.

Décret plaçant les militaires indigènes des troupes coloniales sous la juridiction des tribunaux français dans tous les cas où ils ne sont pas justiciables des conseils de guerre.

Paris, le 9 mars 1909.

Le Président de la République française,

Vu la loi du 7 juillet 1900, portant organisation des troupes coloniales ;

Vu le décret du 31 janvier 1898, plaçant les tirailleurs tonkinois en congé ou en permission sous la juridiction des tribunaux français ;

Vu le décret du 23 octobre 1903, organisant le service de la justice militaire dans les troupes coloniales :

Vu le décret du 26 mai 1903, portant organisation du groupement des forces militaires aux colonies ;

Vu le Code de justice militaire pour l'armée de terre ;

Sur le rapport du Ministre des colonies et l'avis conforme du Ministre de la guerre,

Décrète :

Art. 1er. Les militaires indigènes des troupes coloniales en activité de service relèvent exclusivement de la juridiction des tribunaux français dans tous les cas où ils ne sont pas justiciables des conseils de guerre.

Art. 2. Le Ministre des colonies et le Ministre de la guerre sont chargés de l'exécution du présent décret, qui sera publié au *Journal officiel* de la République française et inséré au *Bulletin officiel* du ministère des colonies.

Fait à Paris, le 9 mars 1909.

A. FALLIÈRES.

Par le Président de la République :

Le Ministre des colonies,
MILLIÈS-LACROIX.

Le Ministre de la guerre,
G. PICQUART.

*Décret suspendant temporairement la faculté pour les condam-
nés de former un recours en revision contre les jugements
des conseils de guerre aux armées aux colonies (1).*

Bordeaux, le 1ᵉʳ octobre 1914.

Le Président de la République française,

Sur le rapport du Ministre de la guerre et du Ministre des
colonies;

Vu le Code de justice militaire et notamment son article 71,
paragraphe 2°;

Vu le décret du 23 octobre 1903, relatif à l'organisation du
service de la justice militaire dans les troupes coloniales, modifié par décret du 5 juin 1914;

Vu le décret du 10 août 1914 suspendant temporairement la
faculté pour les condamnés de former un recours en revision
contre les jugements des conseils de guerre aux armées, modifié par décret du 17 août 1914;

Décrète :

Article 1ᵉʳ. Est temporairement suspendue aux colonies et
dans les pays de protectorat la faculté de former un recours en
revision contre les jugements des conseils de guerre spéciaux,
établis conformément à l'article 13 du décret du 23 octobre 1903.

Toutefois, le droit de recours en revision est ouvert aux individus condamnés à la peine de mort ou à une peine de travaux forcés à perpétuité ou de déportation.

Cette mesure sera portée à la connaissance des troupes par
la voie de l'ordre et au besoin, à la connaissance de la popula-
tion par voie d'affiches.

Article 2. Le Ministre de la guerre et des colonies sont chargés, chacun en ce qui le concerne, de l'exécution du présent
décret, qui sera publié au *Journal officiel* de la République
française.

---

(1) Modifié le 23 avril 1918.

Rapport au Président de la République française, suivi d'un décret réglant les conditions dans lesquelles seront désignés les magistrats appelés à siéger dans les conseils de revision des colonies.

Paris, le 15 février 1917.

Monsieur le Président,

L'article 1er, paragraphe 9 du décret du 29 décembre 1916, modifiant l'article 10 du décret du 23 octobre 1903 relatif à l'organisation du service de la justice militaire dans les troupes coloniales, prévoit « qu'un décret rendu sur le rapport du Ministre des colonies, après entente avec le Garde des sceaux, Ministre de la justice, règle les conditions dans lesquelles seront désignés les magistrats appelés à siéger dans les conseils de revision ».

C'est pour satisfaire aux prescriptions de cet article que nous avons l'honneur de vous soumettre un projet de décret que nous vous prions, si vous l'approuvez, de bien vouloir revêtir de votre signature.

Veuillez agréer, Monsieur le Président, l'hommage de notre profond respect.

Le Ministre de la marine,
chargé de l'intérim du ministère des colonies,
L. LACAZE.

Le Ministre de la guerre,
LYAUTEY.

Décret réglant les conditions dans lesquelles seront désignés les magistrats appelés à siéger dans les conseils de revision des colonies.

Paris, le 15 février 1917.

Le Président de la République française,

Sur les rapports des Ministres des colonies et de la guerre, après entente avec le Ministre de la justice;

Vu le décret du 29 décembre 1916 modifiant le décret du

23 octobre 1903 relatif à l'organisation du service de la justice militaire dans les troupes coloniales,

Décrète :

Article 1er. Dans chaque colonie où est établi un conseil de revision permanent, le gouverneur général ou gouverneur de la colonie désigne, pour en faire partie dans les conditions prévues par l'article 10 du décret du 23 octobre 1903, modifié par le décret du 29 décembre 1916, deux membres de la Cour d'appel de cette colonie.

Ils seront choisis, l'un parmi les présidents ou vice-présidents de chambre ou magistrats qui en remplissent les fonctions, l'autre parmi les conseillers.

Article 2. Cette désignation est faite sur la proposition du procureur général, chef du service judiciaire de la colonie.

Article 3. Les membres civils des conseils de revision permanents sont nommés pour une période d'un an.

Leur délégation peut être renouvelée expressément ou tacitement. Dans tous les cas, ils continuent leurs fonctions tant qu'ils n'ont pas reçu notification de leur remplacement.

Article 4. Une ampliation de l'arrêté de nomination est transmise au Ministre de la guerre, au Ministre des colonies et au Procureur général, chef du service judiciaire de la colonie.

Article 5. Dès sa réception, cet arrêté est transcrit sur les registres du greffe du conseil de revision permanent, et il en est donné lecture publique à la première audience qui suivra.

Article 6. Si les magistrats désignés pour faire partie du conseil de revision permanent se trouvent momentanément empêchés d'assurer leurs fonctions, il sera pourvu d'urgence à leur remplacement par des suppléants appartenant aux mêmes catégories, désignés par une décision motivée du procureur général, chef du service judiciaire.

Une expédition de cette décision sera transmise au gouverneur général ou gouverneur de la colonie.

Il sera, en outre, procédé à l'accomplissement des formalités prescrites par l'article 5.

Article 7. Le Ministre des colonies et le Ministre de la guerre sont chargés, chacun en ce qui le concerne, de l'exécution du présent décret, qui sera publié au *Journal officiel* de la République française et inséré au *Bulletin officiel* du ministère des colonies.

Fait à Paris, le 15 février 1917.

R. POINCARÉ.

Par le Président de la République :

Le Ministre de la guerre,
LYAUTEY.

Le Garde des sceaux, Ministre de la justice,
VIVIANI.

Le Ministre de la marine,
chargé de l'intérim du ministère des colonies,
L. LACAZE.

Rapport au Président de la République française, suivi d'un décret rendant applicables aux colonies les modifications apportées au Code de justice militaire par les articles 7 à 13 de la loi du 13 mai 1918.

Paris, le 28 juin 1918.

Le Code de justice militaire pour l'armée de terre a été rendu applicable à toutes les troupes coloniales européennes et indigènes, à la gendarmerie coloniale et aux auxiliaires indigènes de ce corps ainsi qu'aux milices indigènes, par l'article 1er du décret du 23 octobre 1903 portant organisation de la justice militaire dans les troupes coloniales.

Or, la loi du 13 mai 1918, dans ses articles 7 à 13, a modifié divers articles de ce Code.

Ces modifications qui ont apporté d'heureux changements à l'ancien Code de justice militaire en donnant plus de garanties aux droits de la défense nous paraissent, pour des raisons d'équité, devoir être rendues applicables aux colonies.

Si vous partagez cette manière de voir nous vous prions de vouloir bien revêtir de votre signature le décret dont vous trouverez le projet ci-inclus.

Veuillez agréer, Monsieur le Président, l'hommage de notre profond respect.

Le Président du Conseil, Ministre de la guerre,
Georges CLEMENCEAU.

Le Ministre des colonies,
Henry SIMON.

Décret rendant applicables aux colonies les modifications apportées au Code de justice militaire par les articles 7 à 18 de la loi du 13 mai 1918.

Paris, le 28 juin 1918.

Le Président de la République française,

Vu la loi du 7 juillet 1900 portant organisation des troupes coloniales;

Vu le Code de justice militaire pour l'armée de terre;

Vu le décret du 23 octobre 1903 relatif à l'organisation du service de la justice militaire dans les troupes coloniales, et notamment son article 1er;

Vu la loi du 13 mai 1918, et notamment ses articles 7 à 13 modifiant certains articles du Code de justice militaire pour l'armée de terre,

Décrète :

Article 1er. Les articles 7 à 13 de la loi du 13 mai 1918 modifiant les articles 131 à 179 du Code de justice militaire pour l'armée de terre sont applicables aux justiciables des conseils de guerre aux colonies.

Article 2. Le Président du Conseil, Ministre de la guerre, et le Ministre des colonies, sont chargés, chacun en ce qui le concerne, de l'exécution du présent décret.

Fait à Paris, le 29 juin 1918.

R. POINCARÉ.

Par le Président de la République :

Le Président du Conseil, Ministre de la guerre,
Georges CLEMENCEAU.

Le Ministre des colonies,
Henry SIMON.

Décret rendant applicables aux conseils de guerre de Madagascar les dispositions du paragraphe 1er de l'article unique de la loi du 15 juin 1899.

Paris, le 17 septembre 1921.

Le Président de la République française,

Vu la loi du 7 juillet 1900 portant orgánisation des troupes coloniales;

Vu le Code de justice militaire pour l'armée de terre;

Vu le décret du 23 octobre 1903 relatif à l'organisation de la justice militaire dans les troupes coloniales;

Vu la loi du 8 décembre 1897 ayant pour objet de modifier certaines règles de l'instruction préalable en matière de crimes et de délits;

Vu l'article unique de la loi du 15 juin 1899 portant extension de certaines dispositions de la loi du 8 décembre 1897 sur l'instruction préalable à la procédure devant les conseils de guerre;

Vu le décret du 5 juin 1914 modifiant le décret du 23 octobre 1903;

Sur le rapport du Ministre de la guerre, après entente avec le Ministre des colonies,

Décrète :

Article 1er. Les dispositions du 1er paragraphe de l'article unique de la loi du 15 juin 1899, portant extension de certaines dispositions de la loi du 8 décembre 1897 sur l'instruction préalable à la procédure devant les conseils de guerre, sont applicables en temps de paix, aux conseils de guerre de l'armée de terre siégeant à Madagascar.

Article 2. Le Ministre de la guerre et le Ministre des colonies sont chargés, chacun en ce qui le concerne, de l'exécution du présent décret.

Fait à Rambouillet, le 17 septembre 1921.

A. MILLERAND.

Par le Président de la République :

Le Ministre des colonies,　　　　　Le Ministre de la guerre,
A. SARRAUT.　　　　　　　　　　Louis BARTHOU.

IIᴱ PARTIE

Conseils d'enquête.

Conseils d'enquête des officiers et des sous-officiers rengagés.

Instruction pour l'application, aux colonies, des décrets du 8 novembre 1903, sur les conseils d'enquête.

(Direction des Troupes coloniales ; Bureau technique.)

Paris, le 26 janvier 1904.

Pour les dispositions des titres I et II des décrets du 8 novembre 1903 qui visent les troupes coloniales en garnison en France et en Algérie, et pour celles qui sont applicables, sans modifications, aux troupes coloniales aux colonies, on se réfèrera aux instructions du 8 novembre 1903 (*B. O. G.*, É. C., p. 1673, 1703 et 1711).

Pour les dispositions spéciales des titres III des mêmes décrets, on se conformera aux règles suivantes :

PREMIÈRE PARTIE

Conseils d'enquête d'officiers.

Sous le régime du décret du 29 juin 1879, rendu applicable aux troupes de la marine par le décret du 3 janvier 1884, chaque colonie était assimilée à une région métropolitaine de corps d'armée, où le gouverneur exerçait, en matière de conseil d'enquête, les attributions dévolues au commandant de la région et « hors du territoire français européen et de l'Algérie », les gouverneurs généraux et les commandants en chef exerçaient les pouvoirs du Ministre, excepté à l'égard des officiers généraux.

La situation nouvelle des colonies sous ce rapport, telle qu'elle se dégage des dispositions adoptées par le Conseil d'Etat, sera maintenant la suivante :

Le Conseil d'Etat a distingué deux catégories de colonies :

1° Les colonies isolées. Elles doivent, d'après le décret, faire l'objet de règles différentes, selon le grade du commandant des troupes ou les ressources qu'elles présentent pour la constitution d'un conseil d'enquête. Ces colonies sont présentement celles de Saint-Pierre et Miquelon, de l'Inde et de la côte des

Somalis. Elles ne possèdent point de troupes et les officiers hors cadres qui y servent sont trop peu nombreux pour qu'il soit possible d'y constituer un conseil d'enquête. D'autre part, la métropole n'est pas plus éloignée d'elles que la colonie française la plus proche. Ces colonies seront donc placées sous le même régime que la métropole, et au cas où il y aurait, dans l'une d'elles, un officier à envoyer devant un conseil d'enquête, cet officier serait déféré, sur le rapport du gouverneur transmis par le Ministre des colonies, au Ministre de la guerre qui l'enverrait, s'il y avait lieu, devant le conseil d'enquête d'une région de la métropole ;

2° Les colonies qui font partie d'un des groupes constitués par le décret du 26 mai 1903, où les pouvoirs du Ministre sont délégués, dans une certaine mesure, au gouverneur général ou au gouverneur de la colonie principale du groupe.

Dans ces colonies, la procédure sera réglée conformément aux indications données ci-après pour l'application des articles 36 à 40 du décret.

Article 36.

Le gouverneur général ou le gouverneur de la colonie principale n'aura à donner, par délégation du Ministre de la guerre, l'ordre d'envoi devant le conseil d'enquête que lorsqu'il s'agira d'un officier subalterne ou supérieur employé dans le groupe et lorsque les faits auront été commis dans une colonie du groupe. De plus, il faudra que le conseil d'enquête puisse être constitué conformément au tableau A soit dans la colonie où l'officier est employé, soit dans celle où les faits se sont produits, ou, à défaut, dans la colonie principale du groupe ; sinon, en vertu de l'article 38, le Ministre devra être saisi.

Article 37.

Dans le cas prévu à l'article 36, paragraphe Ier, la plainte et le rapport seront adressés au gouverneur général ou au gouverneur de la colonie principale ; dans tous les autres cas, ils seront adressés au Ministre de la guerre.

Lorsqu'il s'agira d'un des officiers visés par le premier alinéa du paragraphe 2 de l'article 37, le rapport sera établi, conformément aux dispositions de cet article, par le commandant supérieur des troupes.

Quand il s'agira d'un des officiers visés par les alinéas 1, 2, 3 et 4 du paragraphe 3 de l'article 9, le rapport, établi par l'autorité mentionnée dans cet article, sera adressé par la voie hiérarchique au commandant supérieur des troupes, qui l'annotera avant de le transmettre, soit au gouverneur général ou au gouverneur de la colonie principale, soit au Ministre de la guerre.

Le commandant supérieur des troupes, qui aura reçu une plainte contre un des officiers visés aux trois derniers alinéas du paragraphe 3 de l'article 9, la transmettra au Ministre en y joignant son avis motivé. S'il veut provoquer lui-même l'envoi devant le conseil d'enquête d'un officier général sous ses ordres, ou s'il porte lui-même plainte contre un fonctionnaire du contrôle de l'administration de l'armée, il adressera un rapport à ce sujet au Ministre. Ce dernier statuera sur la suite à donner à la plainte ou au rapport dans les conditions déterminées par l'article 9 du décret.

Lorsqu'il s'agira d'envoyer devant un conseil d'enquête un commandant supérieur des troupes, le Ministre sera saisi par un rapport du gouverneur général ou du gouverneur de la colonie principale.

Tous les rapports des autorités militaires ou coloniales à adresser au Ministre de la guerre dans les conditions ci-dessus devront être transmis dans la forme prévue à l'article 7 du décret du 9 novembre 1901 sur les relations des gouverneurs et des commandants supérieurs aux colonies. Le Ministre des colonies donnant obligatoirement un avis aux termes du dernier alinéa de l'article 36 du décret, le gouverneur général ou le gouverneur de la colonie principale devra toujours, dans la transmission, donner au préalable son avis motivé.

Article 38.

Afin d'éviter que l'exception devienne la règle, le Conseil d'Etat a jugé nécessaire de prescrire que les conseils d'enquête constitués aux colonies devront être strictement composés conformément au tableau A, sans que les autorités chargées de les constituer puissent user des diverses facultés d'abaissement des grades ou de remplacement des membres des conseils prévues à l'article 5.

En raison de cette obligation, les conseils d'enquête qui doivent être présidés par un officier d'un grade au moins égal à celui de colonel ne pourront être constitués que dans les colonies où le commandant des troupes sera au moins de ce grade.

Si cette condition n'était pas remplie, le conseil pourrait être constitué, conformément à l'article 38, dans la colonie principale du groupe ; mais, si les ressources de celle-ci ne permettent pas non plus de désigner les membres du conseil conformément au tableau A, le Ministre devra en être saisi.

Au sens de l'article 38, ainsi que des articles 39 et 40, on devra entendre par « colonie » :

Dans le premier groupe de colonies : l'Indo-Chine, colonie unique (1).

Dans le deuxième groupe : l'Afrique occidentale française, colonie principale ; le Congo français.

Dans le troisième groupe : Madagascar, colonie principale ; Réunion, les Comores.

Dans le quatrième groupe : Martinique, colonie principale ; Guadeloupe, Guyane.

Dans le cinquième groupe : Nouvelle-Calédonie, colonie principale ; Tahiti.

Article 39.

La désignation du conseil à saisir dans les cas prévus par l'article 39 sera faite :

1° Si l'officier est employé dans une colonie et si les faits se sont produits dans une colonie du même groupe, par le gouverneur général ou le gouverneur de la colonie principale, qui désignera celle des deux colonies où le conseil sera formé, en tenant compte non seulement des commodités de l'enquête, mais aussi de la facilité de constituer le conseil dans l'une ou l'autre des deux colonies ;

2° Si l'officier est employé en France et si les faits se sont produits dans une colonie, ou si l'officier est employé dans une colonie et si les faits ont eu lieu en France ou dans une colonie n'appartenant pas au même groupe, par le Ministre de la guerre.

Article 40.

Dans les colonies où il sera constitué un conseil d'enquête, le gouverneur de cette colonie aura les attributions des généraux commandant les régions de la métropole, c'est-à-dire qu'il sera, notamment, chargé de nommer les membres du conseil d'enquête, excepté dans les cas prévus à l'article 12, où cette nomination est réservée au Ministre de la guerre.

Il devra, en conséquence, dans chaque colonie où le commandant supérieur ou le commandant des troupes sera du grade au moins de colonel, être établi, sur la proposition de cet officier, une liste générale par rang d'ancienneté des officiers de la colonie, analogue à celle prévue par l'article 4 et dont une expédition sera déposée au siège du gouvernement.

---

(1) Sans distinguer entre les diverses colonies secondaires et régions de protectorat qui composent la colonie.

Cette liste comprendra tous les officiers employés dans la colonie à un titre quelconque. En Indo-Chine et en Afrique occidentale, les officiers portés sur cette liste concourront à tour de rôle à la formation des conseils, à quelque colonie secondaire, ou pays de protectorat qu'appartienne l'officier soumis à l'enquête et quel que soit le lieu fixé pour la réunion du conseil.

Chaque fois qu'il y aura un conseil d'enquête à réunir dans une colonie, le gouverneur, avisé, s'il y a lieu, par le gouverneur général ou le gouverneur de la colonie principale ou par le Ministre, demandera au commandant des troupes de lui adresser ses propositions pour la désignation des membres du conseil, en tenant compte du tour établi et, le cas échéant, des empêchements à admettre. Il statuera sur ces empêchements et arrêtera, sous sa responsabilité, la composition du conseil. Il sera procédé de même pour les modifications qu'il serait nécessaire d'apporter ultérieurement à la composition du conseil.

Les gouverneurs des colonies où se formeront les conseils auront aussi à désigner le lieu où siégera le conseil, qu'ils choisiront de manière à réduire le plus possible les déplacements des officiers appelés à en faire partie.

DEUXIÈME PARTIE.

Conseils d'enquête des officiers de réserve et de l'armée territoriale.

Les dispositions de l'instruction du 8 novembre 1908 (*B. O. G., É. c.*, p. 1703) sont applicables aux officiers de réserve des troupes coloniales ainsi qu'aux officiers de réserve et de l'armée territoriale des troupes métropolitaines employés aux colonies, en tenant compte des dispositions spéciales contenues dans le titre III du décret concernant les conseils d'enquête des officiers de l'armée active et des règles données dans la Ire partie de la présente instruction.

TROISIÈME PARTIE.

Conseils d'enquête des sous-officiers rengagés ou commissionnés.

D'après la circulaire du 13 avril 1896 (Marine), rendant le décret du 25 janvier 1896 applicable aux troupes de la marine, les commandants des troupes exerçaient aux colonies, quand ils étaient du grade d'officier supérieur ou d'officier général, les pouvoirs attribués aux généraux commandant les régions de la métropole en ce qui concernait l'ordre d'envoi devant un conseil d'enquête et la composition de ce dernier. De plus, ceux qui étaient officiers généraux étaient délégués pour statuer, après avis du conseil d'enquête, à l'égard de tous les sous-officiers autres que ceux décorés de la Légion d'honneur ou de la médaille militaire ou nommés par le Ministre.

Cette situation ne sera pas sensiblement modifiée :

1° Il ne sera formé de conseil d'enquête que dans les colonies où le commandant des troupes sera officier supérieur ou général (article 27) (1) ;

2° Dans ces colonies, le commandant des troupes sera, comme précédemment, chargé de constituer le conseil et de donner l'ordre d'envoi pour les sous-officiers employés dans la colonie.

Il ne pourra toutefois donner cet ordre que si les faits ont été commis dans la colonie où réside le sous-officier soumis à l'enquête. Si les faits avaient été commis soit en France, soit dans une colonie ne faisant pas partie du même groupe, soit dans une autre colonie du groupe, l'ordre d'envoi serait donné, dans les deux premiers cas par le Ministre de la guerre, et dans le troisième par le commandant supérieur des troupes du groupe ;

3° Pour les colonies où les troupes ne seront pas commandées par un officier supérieur ou général, l'ordre d'envoi sera donné :

Si la colonie est isolée, par le Ministre qui fera former le conseil dans la métropole ;

Si la colonie fait partie d'un groupe, par le commandant supérieur des troupes du groupe lorsque les faits auront été commis, soit dans la colonie où le sous-officier est employé, soit dans une autre colonie du même groupe, par le Ministre, dans les autres cas. Dans le premier cas le commandant supérieur fixera, pour y former le conseil d'enquête, une colonie du groupe comportant un commandant des troupes du grade d'officier supérieur ou général ;

4° Conformément à la règle générale posée par l'article 29 pour la désignation du conseil à saisir, lorsque les faits auront été commis dans une colonie ou région autre que celle où le sous-officier est employé au moment de l'enquête, on devra envoyer le sous-officier devant le conseil soit de la colonie ou de la région où les faits ont été commis, soit de la colonie ou de la

____

(1) On devra entendre par « colonies », au sens du titre III du décret relatif aux sous-officiers, celles indiquées dans la Ire partie de la présente instruction au sujet de l'article 38 du décret concernant les officiers.

région où le sous-officier est employé, mais sous réserve qu'il ne pourra être désigné, pour y former le conseil d'enquête, de colonie où le commandant des troupes ne sera pas au moins du grade d'officier supérieur.

La désignation du conseil sera faite :

A. — Si le sous-officier est employé dans une colonie et si les faits se sont produits dans une colonie du même groupe, par le commandant supérieur des troupes du groupe, qui désignera celle des deux colonies où le conseil sera formé, ou qui, lorsque aucune des deux n'aura un commandant de troupes officier supérieur ou général, désignera une autre colonie du groupe remplissant cette condition.

B. — Si le sous-officier est employé en France et si les faits se sont produits dans une colonie, ou si le sous-officier est employé dans une colonie et si les faits ont été commis soit en France, soit dans une autre colonie n'appartenant pas au même groupe, par le Ministre de la guerre. Si, dans le troisième cas, aucune des colonies à choisir ne comportait un commandant supérieur du grade d'officier supérieur ou général, le Ministre désignerait une autre colonie remplissant ces conditions ou un conseil de la métropole ;

5° Il doit être entendu que, outre les cas où le titre III du décret spécifie que l'ordre d'envoi sera donné par le Ministre, celui-ci aura aussi à statuer dans les cas visés aux alinéas 1, 3 et 5 du paragraphe 4 de l'article 7 du décret (sous-officier relevant immédiatement du Ministre de la guerre ou sous-officier détaché au service de la marine dans une colonie, ou sous-officiers de colonies différentes à envoyer devant le même conseil) ;

6° Toutes les fois que le Ministre aura à statuer sur l'ordre d'envoi, le commandant des troupes de la colonie dont émane la plainte ou le rapport et, si la colonie fait partie d'un groupe, le commandant supérieur des troupes devront transmettre la plainte ou le rapport avec leur avis motivé ;

7° Le titre III du décret sur les conseils d'enquête des sous-officiers ne contenant pas, en ce qui concerne la composition de ces conseils aux colonies, la même restriction que le titre III du décret relatif aux officiers, l'autorité chargée de former un conseil d'enquête de sous-officier aux colonies pourra user des facultés laissées par les articles 4 et 5 du décret. Si, nonobstant l'usage de ces facultés, il n'était pas possible de constituer le conseil dans la colonie, il devrait en être référé au Ministre qui ferait former le conseil dans une autre colonie ou dans une région de la métropole ;

8° Les commandants supérieurs des troupes et les commandants des troupes du grade d'officier-général statueront, par délégation permanente du Ministre de la guerre, à l'égard des sous-officiers envoyés devant un conseil d'enquête, lorsqu'ils auront donné l'ordre d'envoi devant ce conseil et qu'il s'agira de sous-officiers autres que ceux décorés de la Légion d'honneur et la médaille militaire ou que ceux dont la nomination appartient au Ministre.

Pour ces derniers sous-officiers, ainsi que dans tous les cas où l'ordre d'envoi aura été donné soit par le Ministre, soit par un commandant de troupes n'étant pas officier général, la décision sera réservée au Ministre de la guerre. Dans ces cas, le commandant des troupes de la colonie où s'est formé le conseil et, si la colonie fait partie d'un groupe, le commandant supérieur des troupes devront, en adressant le procès-verbal du conseil d'enquête au Ministre, lui faire connaître leur opinion motivée sur la suite à donner à l'avis du conseil ;

9° On doit considérer comme entièrement abrogées toutes les instructions du Ministre de la marine, relatives à l'application aux troupes de la marine du décret du 25 janvier 1896 et notamment la circulaire du 13 avril 1896.

Les dispositions de la présente instruction, qui a été établie de concert avec le Ministre des colonies, sont applicables à tous les officiers de l'armée active, de la réserve et de l'armée territoriale, ainsi qu'à tous les officiers rengagés ou commissionnés employés aux colonies, qu'ils appartiennent aux troupes métropolitaines ou aux troupes coloniales.

Instruction relative aux conseils d'enquête des sous-officiers rengagés ou commissionnés et des caporaux ou brigadiers rengagés des troupes coloniales (1).

(Direction des Troupes coloniales ; Bureau technique.)

Paris, le 16 novembre 1906.

Conformément aux termes des articles 67 et 68 de la loi du 21 mars 1905, sur le recrutement de l'armée, le Ministre délègue ses pouvoirs, en ce qui concerne l'ordre d'envoi devant un conseil d'enquête des sous-officiers rengagés ou commissionnés et des caporaux ou brigadiers rengagés des troupes coloniales et la décision à prendre à leur sujet, au général commandant la région sur le territoire de laquelle stationne le corps du militaire en cause.

---

(1) Complétée par l'additif du 29 novembre 1920.

En conséquence, dès réception de la présente instruction, il conviendra d'appliquer les dispositions suivantes :

Les rapports qui doivent motiver l'envoi des militaires précités devant un conseil d'enquête seront adressés par la voie hiérarchique au général commandant le corps d'armée des troupes coloniales, qui les transmettra, s'il y a lieu, et accompagnés de son avis, au général commandant la région intéressée. Ce dernier officier général donnera l'ordre d'envoi, par délégation du Ministre, composera et réunira le conseil.

Le procès-verbal du conseil et les pièces à l'appui seront adressés par la voie hiérarchique au général commandant le corps d'armée des troupes coloniales, qui les transmettra au général commandant la région, en y joignant son avis sur la décision à prendre. Ce dernier officier général statuera, par délégation du Ministre, s'il partage cet avis.

Dans le cas contraire, en exprimant son avis personnel, il transmettra le dossier au Ministre qui statuera lui-même.

Pour les sous-officiers, caporaux et brigadiers rengagés ou commissionnés appartenant à des formations des troupes coloniales stationnées en Europe ou en Algérie-Tunisie et ne relevant pas du général commandant le corps d'armée des troupes coloniales, il sera procédé, en ce qui concerne l'envoi des militaires intéressés devant le conseil d'enquête et la décision à prendre à leur sujet, dans les mêmes formes qu'il est procédé pour les militaires de l'armée métropolitaine stationnés dans la même région.

Commissions d'enquête des agents civils du commissariat et du corps des comptables des colonies.

Instruction relative à la procédure à suivre pour les commissions d'enquête d'agents civils du commissariat et du corps des comptables des colonies.

(Direction des Troupes coloniales ; Bureau technique.)

Paris, le 10 juillet 1905.

Art. 1er. La composition des commissions d'enquête d'agents civils du commissariat et du corps des comptables des colonies est déterminée par le tableau A annexé au décret du 28 janvier 1903 portant réorganisation de ce personnel.

Lorsqu'il n'est pas possible de constituer, conformément au tableau A, la commission d'enquête dans une colonie faisant partie d'un groupe, la commission d'enquête est formée dans la colonie principale du groupe.

En cas d'impossibilité de constituer dans ces conditions la commission d'enquête, le Ministre de la guerre décide si l'agent sera envoyé devant une commission d'enquête formée dans une colonie n'appartenant pas au même groupe ou devant une commission d'enquête de la métropole.

Lorsque, dans une colonie isolée, il n'est pas possible de constituer la commission, le Ministre de la guerre décide si la commission sera formée dans une colonie voisine ou dans la métropole.

Art. 2. Lorsqu'il y a lieu d'envoyer devant la même commission d'enquête, à raison de faits communs, plusieurs agents de grade différent, la composition de la commission est déterminée par le grade le plus élevé.

Art. 3. Les commissions d'enquête d'agents civils du commissariat et du corps des comptables sont nommées :

1° En France, par le Ministre de la guerre ;

2° Aux colonies, par les gouverneurs généraux ou gouverneurs. Dans le cas où l'agent est envoyé devant une commission d'enquête convoquée dans une colonie autre que celle où il est en service, la commission est nommée par le gouverneur de la colonie où elle se réunit.

Art 4. Ne peuvent faire partie d'une commission d'enquête :

1° Les parents ou alliés de l'agent soumis à l'enquête jusqu'au 4° degré inclusivement ;

2° Les auteurs de la plainte ou des rapports prévus à l'article 6 et ceux qui ont émis un avis dans l'enquête.

Les personnes désignées ci-dessus peuvent, quand il est utile, être appelées à fournir des renseignements à la commission.

Un officier ou un agent ayant fait partie d'une commission ne peut siéger dans une autre commission appelée à connaître de la même affaire.

Art. 5. Les agents civils du commissariat et du corps des comptables ne peuvent être envoyés devant une commission d'enquête que sur l'ordre du Ministre de la guerre en France, et des gouverneurs généraux ou gouverneurs aux colonies.

Art. 6. Lorsqu'un agent est dans le cas d'être envoyé devant une commission d'enquête, un rapport avec la plainte, s'il en est formé une, est transmis par la voie hiérarchique, en France.

au Ministre de la guerre ; aux colonies, au gouverneur général ou gouverneur de la colonie. S'il s'agit d'un agent détaché à l'administration centrale des colonies ou à l'un des établissements relevant dans la métropole du Ministre des colonies, la plainte et le rapport susvisés sont transmis par l'intermédiaire du Ministre des colonies.

La plainte peut être portée par toute personne qui se prétend lésée, ou d'office par l'un des supérieurs de l'agent qu'elle concerne.

Le rapport, dans lequel son auteur formule ses conclusions personnelles, est fait par le chef du service de l'agent en cause.

Art. 7. En France le Ministre de la guerre, aux colonies les gouverneurs peuvent, lorsqu'ils le jugent nécessaire, et sans l'accomplissement des formalités prescrites à l'article précédent, envoyer d'office un agent du commissariat ou du corps des comptables devant une commission d'enquête.

Art. 8. L'ordre d'envoi donné par le Ministre ou les gouverneurs spécifie les faits à raison desquels l'agent est traduit devant une commission d'enquête et l'endroit où elle se réunira.

Lorsqu'un agent civil du commissariat ou du corps des comptables est envoyé devant une commission d'enquête, le Ministre en France et les gouverneurs aux colonies font parvenir au président de la commision, en même temps que l'ordre d'envoi, le dossier de l'affaire et toutes les pièces propres à éclairer la commission.

Art. 9. Le président désigne le local où se réunira la commission et nomme le rapporteur. Celui-ci, qui est choisi parmi les membres de la commission, doit être d'un grade plus élevé que l'agent soumis à l'enquête. Le président notifie en même temps à cet agent une expédtiion de l'ordre d'envoi et de la décision qui a constitué la commission d'enquête : il lui fait connaître l'objet de l'enquête et l'invite à se tenir à la disposition du rapporteur et à répondre aux convocations qui lui seront adressées soit par le rapporteur, soit par le président.

Les modifications qui surviendraient dans la composition de la commission sont notifiées dans la même forme à l'agent soumis à l'enquête.

Les pièces mentionnées à l'article 8, 2e alinéa, sont transmises par le président au rapporteur.

Art. 10. Le rapporteur convoque l'agent soumis à l'enquête, lui donne connaissance du dossier, entend ses explications et reçoit de lui toutes les pièces qu'il peut avoir à présenter pour sa défense. Il l'invite, en outre, à désigner les personnes qu'il propose de faire entendre pour sa décharge et, s'il y a lieu, le défenseur qu'il a choisi pour l'assister devant la commission.

Lorsque le défenseur n'est pas pris parmi les avocats ou les collègues de l'agent en cause, sa désignation est soumise à l'agrément du président.

Art. 11. Le rapporteur appelle soit d'office, soit sur la demande de l'agent, les personnes qu'il juge utile d'entendre ou les invite à fournir par écrit des renseignements ; il donne connaissance des dépositions reçues par lui à l'agent soumis à l'enquête.

Le rapporteur dresse du tout un procès-verbal qu'il signe ainsi que l'agent en cause. Si celui-ci refuse de signer, mention est faite de ce refus.

Si l'agent soumis à l'enquête n'a pas répondu à la convocation. il est passé outre par le rapporteur.

Art. 12. Lorsque le rapporteur a terminé son enquête, il en consigne les résultats dans un rapport sans faire connaître son opinion et il adresse le dossier au président.

Art. 13. Le président fixe la date de la réunion de la commission. Il convoque soit d'office, soit sur la demande de l'agent en cause, les personnes qu'il lui paraît utile d'appeler pour fournir des renseignements à la commission.

Huit jours avant la réunion de la commission, il notifie la date et la liste ainsi arrêtées à l'agent soumis à l'enquête, en lui donnant l'ordre de se présenter aux lieu, jour et heure indiqués et en l'avisant que, s'il ne se présente pas, il sera passé outre.

L'agent soumis à l'enquête peut, à ses frais, citer d'autres personnes que celles qui sont convoquées par le président. Il avise le président de cette convocation.

Art. 14. A l'ouverture de la séance, le président fait introduire l'agent soumis à l'enquête.

Si celui-ci ne se présente pas et s'il ne fait valoir aucun empêchement légitime, il est passé outre et il est fait mention de son absence au procès-verbal contenant l'avis de la commission d'enquête.

Le rapporteur donne lecture de l'ordre de convocation, des pièces qui lui ont été transmises par le président et de son rapport.

Art. 15. La commission entend ensuite successivement et séparément toutes les personnes appelées soit par le président, soit par le comparant.

Ce dernier, ainsi que les membres de la commission, peuvent

adresser aux personnes appelées les questions qu'ils jugent convenables, mais par l'organe du président.

Après que les personnes convoquées devant la commission ont été entendues, l'agent soumis à l'enquête présente ses observations soit lui-même, soit par l'organe de son défenseur. Il doit avoir la parole le dernier.

Art. 16. S'il apparaît que l'agent en cause est dans le cas d'être traduit devant une commission d'enquête pour des faits autres que ceux qui sont énoncés dans l'ordre d'envoi, le président les signale à l'autorité compétente ; mais la commission d'enquête ne peut statuer que sur les faits qui lui ont été soumis.

Art. 17. Après les observations présentées par l'agent soumis à l'enquête ou par son défenseur, le président consulte les membres de la commission pour savoir s'ils sont suffisamment éclairés ; dans le cas de l'affirmative, il fait retirer l'agent en cause et son défenseur pour permettre à la commission de délibérer ; dans le cas contraire, l'enquête continue.

Art. 18. L'enquête terminée, le président pose à la commission les questions suivantes dans l'ordre ci-dessous indiqué :

1° M..... est-il dans le cas d'être révoqué ?
2° M..... est-il dans le cas d'être licencié ?
3° M..... est-il dans le cas d'être rétrogradé ?

Aucune autre question que celles ci-dessus ne peut être posée à la commission.

Art. 19. Les membres de la commission votent au scrutin secret en déposant dans une urne un bulletin sur lequel est inscrit pour l'affirmative le mot « oui », et pour la négative le mot « non ».

Une réponse affirmative sur la première question dispense de poser la suivante ; de même pour la seconde question.

La majorité forme l'avis du conseil. Cet avis est consigné dans le procès-verbal.

Art. 20. Le procès-verbal contenant l'avis de la commission d'enquête est signé par tous les membres ; il est envoyé avec toutes les pièces à l'appui au Ministre de la guerre. Aux colonies, cet envoi se fait par l'intermédiaire des gouverneurs et du Ministre des colonies.

Art. 21. Les séances des commissions d'enquête ne peuvent avoir lieu qu'à huis clos ; il est interdit d'en rendre compte. Les commissions sont dissoutes de plein droit aussitôt après avoir donné l'avis sur l'affaire pour laquelle elles ont été convoquées.

Art. 22. La décision prise par le Ministre de la guerre à la suite de l'avis de la commission d'enquête est notifiée par écrit avec l'avis émis par le conseil à l'agent intéressé.

Art. 23. Pour les agents en service aux colonies ou détachés soit à l'administration centrale des colonies, soit à un établissement relevant de ce Département, la décision susdite est notifiée par l'intermédiaire du Ministre des colonies.

Circulaire relative aux gradés des troupes coloniales en instance de cassation ou de rétrogradation.

Paris, le 21 décembre 1921.

Aux termes de la législation actuelle, les gradés cassés ou rétrogradés ont droit à la solde de leur ancien grade jusqu'au jour où ils reçoivent notification de leur cassation ou rétrogradation.

Il importe donc de réduire au minimum le délai qui s'écoule entre le jour de la décision prise et celui de la notification à l'intéressé; en conséquence, il a été décidé ce qui suit :

I. — En principe, aucun gradé en instance de cassation ou de rétrogradation ne doit être l'objet d'une mutation de changement d'unité, du jour où la plainte a été établie contre lui jusqu'à celui où la décision prise lui a été notifiée; si une telle mutation, prescrite antérieurement à l'établissement de la plainte, n'a pas encore eu d'effet à ce jour, son effet est suspendu jusqu'à celui de la notification de la décision prise. Un compte rendu est adressé, s'il y a lieu, à l'autorité qui a prescrit la mutation.

Les seules exceptions à cette règle sont les suivantes :

Rapatriement d'une colonie ou d'un théâtre d'opérations extérieur vers la métropole pour raisons de santé;

Rapatriement d'un militaire arrivant à deux mois de l'expiration du contrat qui le lie au service.

II. — Dans le cas le plus général où le gradé est maintenu à un corps ou service pendant toute la durée de la procédure intentée contre lui, l'autorité chargée de statuer n'aura ainsi qu'à transmettre sa décision à ce corps ou service; si la décision est défavorable à l'intéressé, cette transmission se fera par les moyens les plus rapides.

En particulier, dans le cas où le Ministre prononce la cassation ou la rétrogradation d'un gradé comptant à un corps d'outre mer, la décision prise est communiquée par câblogramme au commandant supérieur des troupes qui la transmet sans délai et, s'il y a lieu, télégraphiquement au corps de troupe ou service auquel appartient l'intéressé. Le chef de corps ou de service la notifie à ce dernier.

III. — Lorsque, pour l'une des deux raisons indiquées au paragraphe I, un gradé en instance de cassation ou de rétrogradation est rapatrié, le commandant supérieur des troupes de la région de provenance avertit par câblogramme le Ministre de la guerre (8e Direction, Bureau d'Arme), qui prévient le commandant du dépôt des isolés de Marseille.

De plus, la mention suivante est portée à l'encre rouge sur les états de filiation : « A maintenir, après le débarquement, au dépôt des isolés, jusqu'à décision à intervenir. »

A son débarquement, le gradé intéressé est maintenu au dépôt des isolés (ou à une de ses annexes) ou, s'il est rapatrié pour raisons de santé, à l'hôpital du port de débarquement.

L'autorité chargée de statuer communique la décision prise au commandant du dépôt des isolés qui la notifie à l'intéressé. La communication est faite par câblogramme ou télégramme si la décision prise est défavorable à ce dernier.

IV. — Dans le cas d'un déplacement collectif entraînant pour une unité le changement de sa zone de stationnement (métropole, théâtre d'opérations extérieur, ou groupe de colonies), s'il se trouve dans cette unité un gradé en instance de cassation ou de rétrogradation, les mesures suivantes sont prises :

a) Si le commandant supérieur des troupes de la zone de provenance a qualité pour statuer, il communique directement la décision prise au chef de corps de l'intéressé;

b) Si la décision doit être prise par le Ministre, le commandant supérieur des troupes de la zone de provenance lui rend compte en temps utile, et par voie télégraphique s'il est nécessaire, de la destination donnée au détachement dont fait partie le gradé intéressé.

Lorsque la décision prise est défavorable à ce dernier, la communication au chef de corps de cette décision est faite par les moyens les plus rapides, quelle que soit l'autorité chargée de statuer.

V. — La notification est faite à l'intéressé par les soins et sous la responsabilité du chef de corps ou de service, ou, dans le cas prévu au paragraphe II, du commandant du dépôt des isolés de Marseille.

Un compte rendu de la notification est établi aussitôt et adressé directement par le chef de corps ou de service à l'autorité qui a pris la décision (Ministre, commandant supérieur des troupes ou autorité subordonnée).

IIIE PARTIE

Dispositions concernant la discipline.

Service intérieur des troupes.

Circulaire fixant les droits du commandant d'armes en matière de punitions à l'égard des fonctionnaires de l'intendance des troupes coloniales.

Paris, le 7 mai 1909.

Faute d'un texte appliquant aux troupes coloniales le décret du 10 février 1890, portant règlement pour l'exécution de la loi du 16 mars 1882 sur l'administration de l'armée, des doutes se sont élevés au sujet des droits du commandant d'armes en matière de punitions à l'égard des fonctionnaires de l'intendance des troupes coloniales.

Il y a lieu de remarquer que ce personnel, qui constitue un corps distinct avec une hiérarchie propre, est placé, au point de vue de la discipline, dans une situation identique à celle des membres du corps de l'intendance militaire métropolitaine.

Dès lors, les rapports des fonctionnaires de l'intendance coloniale entre eux et avec le commandement et les autres services, doivent, en matière de punitions, être réglés conformément aux principes d'ordre général édictés par les articles 18, 19 et 20 du décret du 10 février 1890, qui dispose que, en ce qui concerne la police et la discipline générales, les fonctionnaires de l'intendance militaire ne peuvent être punis que par les officiers généraux investis du commandement territorial et par leurs chefs hiérarchiques.

En conséquence, dans le cas où un commandant d'armes autre que l'un des officiers généraux ci-dessus visés aurait une plainte à former contre un fonctionnaire de l'intendance, il doit se borner à rendre compte à l'autorité militaire territoriale, ainsi qu'il est prévu au dernier alinéa de l'article 123 du décret du 4 octobre 1891 sur le service des places.

G. Picquart.

Décret relatif à la cassation et à la rétrogradation des militaires indigènes des troupes coloniales.

(Direction des Troupes coloniales ; Bureau technique.)

Paris, le 19 février 1904.

RAPPORT AU PRÉSIDENT DE LA RÉPUBLIQUE FRANÇAISE.

Monsieur le Président,

Il existe, présentement, de notables différences dans la procédure employée à l'égard des sous-officiers, caporaux ou brigadiers indigènes des troupes coloniales, rengagés ou décorés de la Légion d'honneur ou de la médaille militaire, qui se trouvent dans le cas d'être rétrogradés ou cassés de leur grade.

Ceux qui appartiennent aux régiments indigènes du groupe de l'Indo-Chine (tirailleurs annamites et tonkinois) sont considérés comme s'ils n'étaient ni rengagés ni décorés et peuvent être cassés ou rétrogradés sans être traduits au préalable devant un conseil d'enquête ou de discipline, alors que ceux qui appartiennent aux régiments indigènes du groupe de l'Afrique orientale ou du groupe de l'Afrique occidentale (tirailleurs malgaches et sénégalais) jouissent, aux termes de leur décret d'organisation, des prérogatives accordées aux sous-officiers, caporaux ou brigadiers français rengagés ou décorés : leur cassation ou rétrogradation est, par conséquent, soumise aux formalités du conseil d'enquête ou du conseil de discipline.

Une telle différence entre les corps indigènes n'est nullement justifiée. De plus, les tirailleurs sénégalais et malgaches possèdent, de ce fait, des prérogatives dont ne jouissent pas ceux de nos nationaux qui servent dans les régiments de la légion étrangère comme gradés au titre étranger.

Enfin la procédure qui leur est appliquée n'est point adaptée aux circonstances locales. En raison des difficultés de communication qui existent presque toujours dans nos colonies, il arrive parfois qu'un gradé indigène rengagé reste trois mois en instance de cassation avant qu'il soit possible de le faire comparaître devant un conseil d'enquête ou de discipline. Or, dans l'intérêt de la discipline, et plus encore dans les troupes indigènes que dans les troupes françaises, il importe qu'une faute reçoive sur-le-champ la punition qu'elle mérite.

Ces diverses considérations nous ont amenés à préparer le

décret que nous avons l'honneur de soumettre à votre haute approbation et qui a pour objet d'adopter une procédure uniforme et plus adaptée aux circonstances locales, pour tous nos régiments indigènes des troupes coloniales.

Il place tous les militaires indigènes sur le même pied d'égalité en rendant obligatoire la formalité du conseil d'enquête ou du conseil de discipline pour ceux qui sont décorés de la Légion d'honneur ou de la médaille militaire, et en la supprimant pour tous ceux qui sont rengagés.

Veuillez agréer, Monsieur le Président, l'hommage de notre respectueux dévouement.

Le Ministre des colonies,
Gaston DOUMERGUE.

Le Ministre de la guerre,
Général ANDRÉ.

DÉCRET.

Le Président de la République française,

Vu la loi du 7 juillet 1900, portant organisation des troupes coloniales;

Vu les décrets du 19 septembre 1903, portant réorganisation de l'infanterie et de l'artillerie coloniales,

Décrète :

Art. 1er. — Les sous-officiers, caporaux ou brigadiers indigènes des troupes coloniales rengagés seront, à l'avenir, traités comme les militaires indigènes de même grade non rengagés en ce qui concerne les formes employées pour la rétrogradation et la cassation.

Art. 2. — Leur cassation ou rétrogradation sera prononcée, suivant le cas, dans la forme prescrite par les articles 317 et 318 du règlement sur le service intérieur des troupes d'infanterie, les articles 335 et 336 du règlement sur le service intérieur des troupes d'artillerie ou les articles 308 ou 309 du règlement sur le service intérieur des troupes de cavalerie.

Les commandants supérieurs des troupes aux colonies ont, à cet égard, les pouvoirs qu'ont en France les généraux commandants de corps d'armée.

Art. 3. Les sous-officiers, caporaux ou brigadiers indigènes des troupes coloniales, décorés de la Légion d'honneur ou de la médaille militaire, seront traités comme les militaires français décorés des mêmes ordres en ce qui concerne les formes employées pour la cassation et la rétrogradation.

Art. 4. Leur cassation ou leur rétrogradation sera prononcée, suivant le cas, dans la forme prescrite par l'article 319 du règlement sur le service intérieur des troupes d'infanterie, l'article 337 du règlement sur le service intérieur des troupes d'artillerie, l'article 310 du règlement sur le service intérieur des troupes de cavalerie.

Art. 5. Les dispositions des articles 1 et 2 ne seront appliquées qu'aux militaires dont l'acte de rengagement sera postérieur à la publication du présent décret.

Art. 6. Toutes les dispositions contraires à celles du présent décret sont abrogées.

Art. 7. Les Ministres de la guerre et des colonies sont chargés, chacun en ce qui le concerne, de l'exécution du présent décret.

Fait à Paris, le 19 février 1904.

Compagnies et sections de discipline.

Militaires français.

Circulaire relative à l'application, aux colonies, du décret du 2 novembre 1902, portant modifications aux décrets du 20 octobre 1892 sur le service intérieur des troupes.

(Direction des Troupes coloniales ; Bureau technique.)

Paris, le 11 mars 1903.

Le décret du 2 novembre 1902 prescrit que les paragraphes 24 de l'article 325 (Infanterie) et 343 (Artillerie) du règlement sur le service intérieur des troupes, doivent être complétés ainsi qu'il suit :

« On doit également éviter l'envoi aux compagnies de discipline, pour faits répétés d'absence illégale, d'un soldat (ou canonnier) qui n'a pas été préalablement changé de corps ou de région. »

Il doit être entendu que cette disposition n'est applicable aux corps de troupe stationnés aux colonies, que lorsqu'il est possible de changer de corps ou de région sans pour cela changer de colonie.

Circulaire relative à l'envoi, dans les unités de discipline coloniales stationnées aux colonies, des marins embarqués à bord de bâtiments qui naviguent ou stationnent à proximité des colonies où sont stationnées ces unités.

(Direction des Troupes coloniales ; Bureau technique.)

Paris, le 25 septembre 1903.

Le Ministre de la marine peut ordonner l'envoi direct, dans une unité de discipline coloniale stationnée aux colonies, d'un marin embarqué à bord d'un bâtiment qui navigue ou stationne à proximité de la colonie où est établie cette unité.

Décret portant suppression d'unités de discipline des troupes coloniales.

(Direction des Troupes coloniales ; Bureau technique.)

Paris, le 20 juillet 1905.

RAPPORT AU PRÉSIDENT DE LA RÉPUBLIQUE FRANÇAISE.

Monsieur le Président,

Conformément aux dispositions du décret du 19 septembre 1903, portant réorganisation de l'infanterie coloniale, le corps de discipline des troupes coloniales comprend, en France, un état-major et un dépôt ; aux colonies : une compagnie au Sénégal, un peloton au Tonkin et une section à Madagascar.

La présence de la compagnie du Sénégal dans le camp retranché de Dakar, point d'appui de la flotte, offre de graves inconvénients, sur lesquels les autorités de la colonie ont insisté à diverses reprises et, en raison des difficultés du ravitaillement, il ne paraît pas possible de placer cette compagnie dans un poste de l'intérieur.

D'autre part, l'organisation en corps s'administrant isolément des unités du Tonkin et de Madagascar présente des complications inutiles au point de vue de l'administration et du commandement.

Le meilleur moyen de remédier aux divers inconvénients de cette situation serait de diriger sur les compagnies de discipline des troupes métropolitaines en garnison en Algérie et en Tunisie les hommes des troupes coloniales provenant des corps en garnison en France, aux Antilles, à la Guyane, en Calédonie et au Sénégal, et de transformer en Indo-Chine et à Madagascar les unités de discipline formant corps en sections de discipline rattachées à un régiment.

Si vous approuvez cette manière de voir, nous vous serions reconnaissants de vouloir bien revêtir de votre signature le projet de décret ci-joint.

Veuillez agréer, etc.

DÉCRET.

Le Président de la République française,

Vu la loi du 21 mars 1905, sur le recrutement de l'armée ;

Vu la loi du 7 juillet 1900, portant organisation de l'armée coloniale ;

Vu les décrets du 19 septembre 1903, portant réorganisation de l'infanterie et de l'artillerie coloniales ;

Vu le décret du 2 novembre 1902, portant réorganisation des compagnies de discipline et l'instruction ministérielle (Guerre) du 12 novembre 1902, relative aux sections de discipline des corps spéciaux ;

Sur le rapport du Ministre de la guerre et du Ministre des colonies,

Décrète :

Art. 1er. Les unités de discipline des troupes coloniales énumérées à l'article 6 du décret du 19 septembre 1903 sont supprimées à la date du 1er janvier 1906.

Art. 2. Dans chacune des colonies du Tonkin, de la Cochinchine et de Madagascar, il est organisé, dans un des régiments d'infanterie coloniale qui y tiennent garnison, une section de discipline, destinée à recevoir les soldats d'infanterie et d'artillerie coloniales, dans les cas prévus par les articles 325 (Infanterie) et 343 (Artillerie) des décrets du 20 octobre 1892, portant règlement sur le service intérieur et suivant la procédure indiquée dans ces articles. Les sections du Tonkin et de Madagascar seront organisées à la date du 1er janvier 1906. Celle de la Cochinchine le 1er octobre 1905.

Art. 3. Les compagnies de discipline des troupes métropolitaines en garnison en Algérie et en Tunisie recevront dans les mêmes conditions les militaires des troupes coloniales dont les corps sont en garnison en France, aux Antilles, à la Guyane, en Nouvelle-Calédonie et en Afrique occidentale.

Art. 4. Des instructions ministérielles régleront les dispositions de détail pour l'application du présent décret, ainsi que les mesures transitoires à prendre.

Art. 5. Toutes les dispositions antérieures contraires au présent décret sont abrogées.

Art. 6. Les Ministres de la guerre et des colonies sont chargés, chacun en ce qui le concerne, de l'exécution du présent décret.

Fait à Paris, le 20 juillet 1905.

Circulaire relative à l'administration et à l'habillement des militaires des troupes coloniales passant dans les sections spéciales.

(Direction des Troupes coloniales et de l'Intendance militaire; Bureau du Matériel et de la Comptabilité.)

Paris, le 28 février 1911.

L'instruction du 4 août 1910 relative aux sections spéciales (3) indique les conditions de passage, dans ces unités, des militaires des troupes coloniales.

La présente circulaire a pour objet de fixer les dispositions à prendre :

1° En vue du remboursement à la 1re section du budget des dépenses d'habillement et d'entretien;

2° Par les corps coloniaux d'origine, en ce qui concerne l'administration et l'habillement de cette catégorie de militaires.

---

(3) Remplacée par l'instruction du 28 mars 1912 (vol. 63).

1° REMBOURSEMENT DES FRAIS D'HABILLEMENT ET D'ENTRETIEN.

Les militaires des troupes coloniales passant dans les sections spéciales sont soumis, pour l'habillement, au même régime que les militaires des troupes métropolitaines; par suite, ces sections perçoivent directement, pour eux, une prime journalière dont le taux est fixé par le Ministre.

Le remboursement par la 2e section du budget des dépenses dont l'avance est faite, à ce titre, par la 1re, s'effectue par voie de virement de compte.

A la fin de chaque trimestre, la section spéciale de l'île Saint-Marcouf adresse au Ministre (5e Direction), un état numérique, en double expédition, des journées des militaires provenant des troupes coloniales.

Le produit du nombre de journées par le taux de la prime journalière donne le montant du remboursement à faire à la 1re section du budget, au titre des frais d'habillement.

Le remboursement de tous les autres frais d'entretien ne se rapportant pas à l'habillement se fait d'après le même principe.

A cet effet, le Ministre fixe, chaque année, le taux de l'allocation journalière globale correspondant aux dépenses étrangères à l'habillement.

Le produit du nombre de journées par le taux de cette allocation donne le montant du remboursement à faire à la 1re section du budget, au titre des frais d'entretien.

2° DISPOSITIONS A PRENDRE PAR LES CORPS D'ORIGINE POUR LA MASSE INDIVIDUELLE.

La masse des militaires envoyés dans une section spéciale est arrêtée par les soins du commandant d'unité et prise, au premier jour du trimestre suivant, à la feuille de décompte spéciale du trésorier.

En cas de réintégration dans un autre corps, celui-ci réclame l'avoir au corps d'origine ou lui adresse le débet.

La masse des militaires dont il s'agit qui, cinq ans après leur inscription à la feuille de décompte spéciale, n'auraient pas été réintégrés dans un corps de troupe, est versée à la masse générale d'entretien qui la rétablira, s'il y a lieu, en cas de réintégration ultérieure.

Dans le cas où un militaire serait libéré étant encore dans une section spéciale, l'avoir à la masse qu'il possédait à son départ du corps colonial est repris par la masse générale d'entretien; toutefois, l'excédent du complet réglementaire et les versements volontaires, jusqu'à concurrence de l'avoir, restent acquis à l'homme et lui sont envoyés dans ses foyers, dès que le corps a reçu, de la section spéciale, l'avis de sa libération.

Si le militaire était en débet, ce débet serait supporté par la masse générale d'entretien.

3° EFFETS A EMPORTER PAR LES MILITAIRES PASSANT DANS UNE SECTION SPÉCIALE.

Effets d'habillement.

Paletot de molleton ou veste............................	1
Pantalon de drap ou culotte de drap avec jambières......	1
Képi.	1
Brodequins (paire).	1

Pendant la saison froide (du 1er novembre au 15 avril), la tenue comporte la capote ou le manteau, en sus du paletot de molleton ou de la veste. De plus, les militaires arrivés dans les sections spéciales pendant la saison chaude, et qui devraient être libérés ou réintégrés dans un corps de troupe du service ordinaire, pendant la saison froide, sont pourvus, à leur départ de la section spéciale, de la capote ou du manteau. Cet effet, du classement instruction, est adressé, franco de port, par colis postal, par leur corps d'origine avisé en temps utile.

Effets de petit équipement.

Bretelles de pantalon (paire)...	1	Etui-musette.	1
Caleçons.	2	Mouchoirs.	2
Chemises.	2	Quart.	1
Serviette.	1	Cravate.	1
Sac de petite monture garni....	1	Gamelle individuelle.	1

Les effets emportés doivent être propres et en assez bon état de conservation pour pouvoir être maintenus en service pendant une période de trois mois au moins.

Ils sont retirés à l'homme, lors de son arrivée à la section spéciale, et lui sont remis, soit lors de sa réintégration dans un corps de troupe du service ordinaire, soit lors de sa libération.

Les effets non emportés sont repris au profit de la masse des intéressés, dans les conditions prévues à l'article 194 du règlement provisoire du 6 décembre 1903 sur l'administration, la comptabilité et l'habillement des corps des troupes coloniales.

En cas de décès d'un militaire des troupes coloniales passé à une section spéciale, les effets emportés à son départ du corps sont retournés à ce dernier et repris au profit de la masse de l'intéressé.

4° TENUE DE LA MATRICULE.

La matricule des hommes des troupes coloniales passant dans les sections spéciales est tenue par leur corps d'origine.

Militaires indigènes.

Décret portant création à Madagascar d'une compagnie de discipline indigène.

Paris, le 18 mai 1899.

RAPPORT AU PRÉSIDENT DE LA RÉPUBLIQUE FRANÇAISE,

Monsieur le Président,

Lors de la création des régiments de tirailleurs malgaches, il a paru équitable autant que rationnel de ne pas soumettre prématurément les éléments indigènes de ces corps à un régime spécial de discipline, incompatible avec leurs anciennes habitudes d'indépendance.

Mais l'expérience a montré que l'autorité militaire se trouve désarmée pour réprimer les manquements graves à la discipline et les désertions nombreuses qui sont signalées parmi les tirailleurs.

Pour remédier à cette situation, j'estime qu'il y aurait lieu, conformément à la proposition du gouverneur général de Madagascar, et par analogie avec les mesures déjà prises à l'égard des indigènes indisciplinés des régiments de tirailleurs tonkinois, de créer à Madagascar une compagnie indigène de discipline destinée à recevoir les tirailleurs d'une inconduite caractérisée ou ceux ayant subi des condamnations.

Dans la pensée que vous partagerez cette manière de voir, j'ai préparé, d'accord avec M. le Ministre des colonies, le projet de décret ci-joint que j'ai l'honneur de soumettre à votre haute sanction.

Je vous prie d'agréer, etc.....

Le Ministre de la marine,
Edouard LOCKROY.

DÉCRET.

Le Président de la République française,

Vu le décret du 17 décembre 1897 portant réorganisation des régiments de tirailleurs malgaches ;

Sur le rapport du Ministre de la marine, et après avis conforme du Ministre des colonies,

Décrète :

. . . .

Art. 3. L'envoi des tirailleurs malgaches à la compagnie indigène de discipline est prononcé par le général commandant supérieur des troupes, d'après les règles tracées à l'article 325 du décret du 20 octobre 1892 portant règlement sur le service intérieur de l'infanterie. Cet officier général ordonne également, lorsqu'il y a lieu, la réintégration dans les corps de troupes des fusiliers indigènes qui ont tenu une bonne conduite.

Art. 4. Les militaires indigènes des régiments de tirailleurs malgaches qui auront subi une condamnation, quelle qu'en soit la durée, seront également envoyés à la compagnie indigène de discipline, sur l'ordre du général commandant supérieur des troupes et y seront soumis au même régime que les hommes affectés à cette unité pour indiscipline. Comme ceux-ci, ils pourront être l'objet de mesures de réintégration et dans les mêmes conditions.

Toutefois, les militaires indigènes qui, possédant de bons antécédents, n'auront été condamnés que pour des motifs peu graves, pourront, par décision du général commandant supérieur des troupes, rendue sur la proposition des chefs de corps, être dispensés de l'incorporation dans la compagnie de discipline indigène et être affectés, après accomplissement de leur peine, à une compagnie de leur ancien corps.

Fait à Paris, le 18 mai 1899.

EMILE LOUBET.

Par le Président de la République :

Le Ministre de la marine,
Edouard LOCKROY.

Le Ministre des colonies,
GUILLAIN.

Décret portant transformation de la compagnie indigène de discipline de Madagascar en section indigènc de discipline et créant, dans cette colonie, une section indigène de discipline pour les militaires des unités sénégalaises.

(Direction des Troupes coloniales ; Bureau technique.)

Paris, le 24 mars 1902.

RAPPORT AU PRÉSIDENT DE LA RÉPUBLIQUE FRANÇAISE.

Monsieur le Président,

Un décret en date du 18 mai 1899 a créé, à Madagascar, une compagnie de discipline destinée à recevoir les militaires indigènes des régiments de tirailleurs malgaches. Cette compagnie est rattachée au 1er régiment de tirailleurs malgaches dont elle forme une des 12 compagnies réglementaires.

Depuis la création de cette unité, l'expérience a démontré que le nombre des disciplinaires qui y ont été incorporés a toujours été très peu élevé, et qu'une section de discipline serait suffisante pour recevoir les militaires indisciplinés des deux régiments malgaches et des militaires indigènes des batteries de Madagascar. — En outre, cette nouvelle organisation, en réduisant l'effectif des cadres actuellement employés au service spécial des disciplinaires, permettrait de reconstituer, dans la compagnie de discipline actuelle, trois sections ordinaires, ce qui augmenterait d'autant les forces militaires de la colonie, sans majoration de dépenses.

D'autre part, il existe également à Madagascar une section de discipline dans laquelle sont incorporés les militaires indisciplinés du régiment des tirailleurs sénégalais stationné dans cette colonie. — L'existence de cette unité a été prévue par une dépêche ministérielle (Marine) du 23 août 1899; j'estime qu'il y aurait lieu de sanctionner l'existence d'une section de discipline indigène sénégalaise, qui serait destinée à recevoir les militaires indisciplinés du 3ᵉ régiment de tirailleurs sénégalais, du bataillon de tirailleurs sénégalais de Diégo-Suarez et de la compagnie de conducteurs d'artillerie sénégalais stationnée à Madagascar.

C'est à ces intentions que, d'accord avec M. le Ministre des colonies, j'ai fait préparer le projet de décret ci-joint, que j'ai l'honneur de soumettre à votre haute approbation.

Veuillez agréer, etc.

DÉCRET.

Le Président de la République française.

Vu le décret du 18 mai 1899, portant création, à Madagascar, d'une compagnie indigène de discipline ;

Vu la dépêche ministérielle (Marine) du 23 août 1899, instituant dans cette colonie une section de discipline sénégalaise;

Vu le décret du 28 décembre 1900, portant organisation de l'infanterie coloniale ;

Sur le rapport du Ministre de la guerre,

Décrète :

Art. 1ᵉʳ. La compagnie indigène de discipline de Madagascar, prévue par le décret du 18 mai 1899, est transformée en section indigène de discipline, qui est rattachée au 1ᵉʳ régiment de tirailleurs malgaches; cette section entre dans la composition normale d'une des compagnies de ce régiment, désignée par le commandant supérieur des troupes. — Elle reçoit les militaires indigènes indisciplinés des régiments de tirailleurs malgaches et des batteries d'artillerie de Madagascar.

Art. 2. La composition des cadres européens et indigènes affectés à cette section est la même que celle prévue pour les autres sections du régiment. — Toutefois, l'adjudant de la compagnie à laquelle appartient la section de discipline est affecté spécialement à cette section, comme chef de section, sous les ordres directs du capitaine commandant la compagnie.

Art. 3. Il est créé, au 3ᵉ régiment de tirailleurs sénégalais, une section indigène de discipline destinée à recevoir les militaires indigènes indisciplinés des unités d'infanterie et d'artillerie de Madagascar recrutées au moyen de Sénégalais. — Cette section entre dans la composition normale d'une des compagnies de ce régiment, désignée par le commandant supérieur des troupes. — La composition des cadres européens et indigènes de cette section est la même que celle prévue pour les autres sections du régiment; mais l'adjudant de la compagnie à laquelle appartient la section de discipline est spécialement affecté à cette section, comme chef de section, sous les ordres directs du capitaine commandant la compagnie.

Art. 4. Les règles posées par le décret du 18 mai 1899 précité, en ce qui concerne le mode d'envoi des militaires indigènes à l'ancienne compagnie indigène des militaires et la réintégration dans un corps de troupes des fusiliers de discipline dignes de cette faveur, sont maintenues en vigueur pour les deux sections indigènes de discipline prévues par le présent décret.

Art. 5. Les cadres européens et indigènes des sections indigènes de discipline de Madagascar ont droit à la solde et aux allocations diverses en deniers et en nature attribuées par les règlements en vigueur aux cadres européens et indigènes de leur régiment, et dans les mêmes conditions que ces derniers; les cadres européens ont droit, en outre, aux indemnités spéciales de fonctions prévues par l'article 10 de l'instruction du 30 août 1901.

Art. 6. Le capitaine commandant la compagnie à laquelle est rattachée une section indigène de discipline a, en matière de punitions, à l'égard des militaires incorporés à cette section, les droits attribués par l'article 302 du règlement sur le service intérieur de l'infanterie à un officier supérieur. —

Art. 7. Les dispositions relatives au service, au régime disciplinaire, au régime intérieur, à l'armement, à l'équipement et à l'habillement des sections indigènes de discipline sont déterminées par le Ministre de la guerre, après entente avec le Ministre des colonies.

Art. 8. Les Ministres de la guerre et des colonies sont chargés, chacun en ce qui le concerne, de l'exécution du présent décret.

Fait à Paris, le 24 mars 1902.

Instruction relative au service, au régime disciplinaire, au service intérieur, à l'armement, à l'équipement et à l'habillement des sections indigènes de discipline prévues à Madagascar par le décret du 24 mars 1902.

(Direction des Troupes coloniales ; Bureau technique.)

Paris, le 7 avril 1902.

Art. 1er. Les officiers et sous-officiers français et les cadres indigènes affectés aux sections indigènes de discipline de Madagascar sont choisis parmi ceux signalés comme particulièrement aptes à ces fonctions et spécialement proposés à cet effet. Les sous-officiers français sont choisis dans les conditions fixées par la circulaire du 23 décembre 1901.

Art. 2. Chaque section indigène de discipline comprend des fusiliers et des pionniers de discipline ; ces derniers forment une demi-section distincte.

Sont affectés aux pionniers, les fusiliers de discipline qui font preuve d'une mauvaise conduite persistante.

Art. 3. Le passage d'un fusilier de discipline aux pionniers de discipline est proposé par un conseil de discipline, comprenant :

Le capitaine commandant la compagnie, *président* ;
Le lieutenant de la compagnie,
L'adjudant chef de section, } *membres.*
Un sous-officier français,

Les pièces à l'appui de la proposition de passage (rapport spécial, relevé des punitions, état signalétique et des services), accompagnées de l'avis du conseil de discipline, sont transmises hiérarchiquement au général commandant supérieur des troupes, qui statue.

Les pionniers de discipline peuvent, après un séjour minimum de trois mois à la demi-section de pionniers, être réintégrés dans les fusiliers de discipline.

Cette réintégration est prononcée dans les mêmes formes et par la même autorité que ci-dessus.

Les fusiliers de discipline peuvent également être l'objet d'une réintégration dans une compagnie de leur régiment. Les propositions de cette nature, accompagnées de l'avis du conseil de discipline, sont transmises, à la fin de chaque trimestre, au général commandant supérieur des troupes, qui statue.

Art. 4. Les militaires indigènes envoyés aux sections de

discipline laissent à leur compagnie (ou batterie) leur armement, leurs munitions, les effets de grand équipement et reçoivent, à leur arrivée à la section de discipline, les objets
dont ils doivent être pourvus, ainsi que des effets spéciaux
d'habillement qu'ils échangent contre les leurs. Ces effets spéciaux sont, ou bien des effets hors de service qui leur sont
distribués gratuitement, ou bien des effets neufs ; dans ce dernier cas, ces effets sont imputés à leur masse individuelle et
repris comme effets hors de service à leur départ de la section
de discipline.

Art. 5. Les indigènes incorporés dans une section de discipline conservent à cette section le numéro matricule qu'ils
ont reçu en arrivant à leur corps ; le dossier administratif des
militaires provenant soit de la compagnie de conducteurs
sénégalais ou du bataillon de tirailleurs sénégalais de Diégo-
Suarez, soit du 2e régiment de tirailleurs malgaches ou des
batteries d'artillerie, est envoyé, par les soins de leur corps,
respectivement au 3e régiment de tirailleurs sénagalais ou au
1er régiment de tirailleurs malgaches, auxquels appartiennent
les sections de discipline et qui sont chargés de l'administration de ces sections.

Art. 6. L'uniforme des disciplinaires de chacune des sections indigènes de discipline est le même que celui des tirailleurs du régiment auquel ces sections sont rattachées, sauf
pour les lisérés qui sont supprimés et pour les boutons qui
sont en métal blanc.
Les pionniers de discipline ont la tête rasée et le port de la
barbe leur est interdit.

Art. 7. Les fusiliers de discipline ne perçoivent pas leur
solde pendant leur séjour à la section de discipline et ils n'ont
droit qu'aux perceptions en nature.
Le montant de la solde acquise au cours de leur séjour à la
section leur est remis quand ils sont réintégrés dans une
compagnie ou quand ils sont libérés du service militaire. Toutefois, la moitié de cette solde pourra être remise aux familles
de ces disciplinaires, pour subvenir à leur entretien.
Les pionniers n'ont droit, pendant leur séjour à la demi-
section de pionniers, qu'à la demi-solde qui ne leur est payée
également qu'au moment de leur départ de la section de discipline. Cette demi-solde pourra également être payée aux
familles de ces militaires.
Tous les payements de cette nature, faits aux familles des
disciplinaires, sont effectués en présence de ces disciplinaires
et de deux témoins, pour éviter toute réclamation.

Art. 8. Toutes les prescriptions du service intérieur restent applicables aux sections indigènes de discipline. Les fusiliers de discipline peuvent concourir au service de garde, mais seulement en cas d'insuffisance ou d'absence d'autres troupes dans leur garnison.

Art. 9. Les fusiliers de discipline continuent à être exercés au service militaire, quand ils sont dans la garnison normale de leur section ; ils exécutent leurs tirs réglementaires. Les pionniers ne sont exercés qu'à titre exceptionnel. Les armes des disciplinaires ne leur sont jamais laissées ; elles leur sont retirées après les exercices et déposées dans un local spécial.

Les fusiliers et les pionniers sont employés aux travaux de construction de routes ou de bâtiments militaires où à des travaux d'intérêt public, suivant les ordres du général commandant supérieur des troupes. En principe, ils sont toujours employés par fractions constituées sous les ordres de leurs gradés ; selon les besoins, ils sont déplacés dans l'intérieur de la colonie et transportés sur les points où leur présence est rendue nécessaire pour les travaux auxquels ils doivent participer.

IVᴱ PARTIE

Tour de service colonial.

Circulaire relative à la faculté, pour les officiers des troupes
. coloniales, d'emmener leur famille aux colonies.

Paris, le 1er novembre 1908.

Conformément aux dispositions de la circulaire (colonies) du 23 janvier 1906, tous les officiers et assimilés des troupes coloniales ont le droit, en principe, d'emmener leur famille aux colonies, mais l'exercice de ce droit est subordonné à l'autorisation du Ministre des colonies.

Les demandes en vue d'obtenir cette autorisation sont remises par les intéressés, dès que les désignations coloniales ont paru, au chef de corps ou de service, qui les transmet avec son avis directement, et sans passer par la voie hiérarchique, au Ministre des colonies (Direction des services militaires; 1er Bureau), de manière qu'elles lui parviennent dans les cinq jours suivant les désignations coloniales.

Les demandes doivent indiquer, en particulier, le degré de parenté des personnes que les officiers désirent emmener ainsi que l'âge des enfants.

Il est donné satisfaction à ces demandes dans les conditions suivantes :

1° Officiers désignés pour les colonies ne comportant pas de postes inaccessibles ou inhabitables par les familles (1) et officiers comptables en général.

Les demandes sont destinées à fixer le Département des colonies sur le nombre et la nature des passages à retenir sur les paquebots.

Les autorisations de passage seront adressées par le Ministre des colonies directement au chef de corps ou de service qui les transmettra aux intéressés.

Les officiers désignés sur leur demande pour des emplois de comptables, non compris ceux du 2e tirailleurs sénégalais et des bataillons indigènes formant corps de l'Afrique occidentale et du Congo, pourront considérer l'autorisation comme accordée du seul fait de leur désignation comme comptables et de l'envoi

---

(1) Antilles et Guyane, Nouvelle-Calédonie, Cochinchine.

de la demande de passage pour leur famille au Ministre des colonies.

2° Officiers désignés pour les colonies comportant des postes inaccessibles ou inhabitables par les familles (1) et officiers comptables désignés pour le 2° tirailleurs sénégalais et les bataillons indigènes formant corps de l'Afrique occidentale et du Congo.

Les demandes faites devant être soumises à l'acceptation préalable de l'autorité locale aux colonies, les noms des officiers qui auront demandé l'autorisation d'emmener leur famille seront câblés sur-le-champ, par les soins du Ministre des colonies, au commandant supérieur des troupes, qui fera connaître le plus tôt possible par câblogramme les noms des officiers qui auront dans la colonie une affectation telle que l'autorisation d'emmener leur famille peut leur être accordée.

Les frais des deux câblogrammes, qui seront réduits au minimum, seront imputés aux officiers intéressés, qui verseront au Trésor du port d'embarquement le montant de la taxe du câblogramme envoyé de France et rembourseront le prix de la réponse à leur arrivée dans la colonie.

Rapport au Président de la République française, suivi d'un décret concédant la gratuité du passage aux familles des sous-officiers mariés, rengagés, envoyés aux colonies, et d'une circulaire relative à la concession de passages gratuits pour les colonies aux familles des sous-officiers rengagés.

(Ministère des colonies. — Services militaires; 1er Bureau; 1re Section.)

Paris, le 12 juillet 1919.

RAPPORT AU PRÉSIDENT DE LA RÉPUBLIQUE FRANÇAISE.

Monsieur le Président,

Actuellement, en vertu des principes posés par la décision présidentielle du 22 mars 1886, les sous-officiers mariés ne peu-

---

(1) Madagascar, Tonkin et Annam; Afrique occidentale et Congo.

vent pas être autorisés à emmener leur famille dans les colonies où ils sont appelés à servir.

Cette interdiction présente des inconvénients tant au point de vue moral qu'au point de vue des dépenses supplémentaires que la séparation de leur famille impose aux intéressés.

En outre, il est à craindre qu'elle ne soit de nature à entraver le recrutement des militaires de carrière des troupes coloniales.

D'autre part, depuis 1886, les conditions matérielles d'existence des Européens se sont très notablement améliorées dans la plupart de nos colonies et y ont rendu possible la vie en famille dans un assez grand nombre de garnisons.

Nous avons donc estimé qu'il serait opportun d'accorder, dans certaines limites, aux sous-officiers mariés désignés pour servir outre-mer, le passage gratuit pour leur femme et leurs enfants, sous réserve d'une autorisation spéciale délivrée, dans chaque cas particulier, par le Ministre des colonies, en tenant compte, d'une part, des conditions d'habitabilité de chaque colonie, et, d'autre part, des nécessités de service.

Le projet de décret ci-joint a pour but de modifier dans ce sens la réglementation en vigueur.

Si vous en approuvez les dispositions, nous vous serions reconnaissants de vouloir bien le revêtir de votre haute sanction.

Veuillez agréer, Monsieur le Président, l'hommage de notre respectueux dévouement.

Le Ministre des colonies,
Henry SIMON.

Le Ministre des finances,
L.-L. KLOTZ.

DÉCRET.

Le Président de la République française,

Vu la décision présidentielle du 22 mars 1886;

Vu le décret du 3 juillet 1897, modifié par les décrets des 6 juillet 1904, 8 juin 1906 et 9 juin 1911, portant règlement sur les indemnités de route et de séjour et les passages des officiers, fonctionnaires, employés et agents civils et militaires des services coloniaux et locaux;

Vu le décret du 8 septembre 1910 sur les frais de déplacement des militaires isolés aux colonies;

Vu le décret du 18 septembre 1913 au sujet des droits au passage et des frais de déplacement des adjudants-chefs;

Vu le décret du 23 septembre 1913, concernant les passages à bord des paquebots des adjudants, sergents-majors et assimilés voyageant au compte du Département des colonies;

Vu le décret du 27 mars 1915, assimilant les stagiaires officiers d'administration de 1re classe de l'artillerie coloniale aux adjudants-chefs et les aspirants aux adjudants et sergents-majors pour le classement à bord des navires et pour l'allocation des indemnités de déplacement aux colonies;

Vu le décret du 19 novembre 1918, modifiant celui du 8 septembre 1910 sur les frais de déplacement aux colonies;

Sur le rapport des Ministres des colonies et des finances,

Décrète :

Art. 1er. Des passages gratuits peuvent être accordés aux familles des sous-officiers mariés, rengagés, dans les conditions fixées par le décret du 3 juillet 1897, modifié par les décrets des 6 juillet 1904, 8 juin 1906 et 9 juin 1911, portant règlement sur les indemnités de route et de séjour et les passages du personnel colonial, et par le décret du 8 septembre 1910, modifié par le décret du 19 novembre 1918, sur les frais de déplacement des militaires isolés aux colonies.

Art. 2. Le droit au passage des familles est subordonné, dans chaque cas particulier, à la décision du Ministre des colonies. Il sera accordé, dans la mesure où le permettront les nécessités du service, la situation militaire et les conditions de climat et d'habitabilité de la colonie destinataire. Un refus de concession de passage, motivé ou non, ne peut, en aucun cas, ouvrir le droit à un recours contentieux.

Art. 3. Toutes les dispositions contraires au présent décret sont abrogées.

Art. 4. Les Ministres des colonies et des finances sont chargés, chacun en ce qui le concerne, de l'exécution du présent décret.

Fait à Paris, le 12 juillet 1919.

R. POINCARÉ.

Par le Président de la République :

Le Ministre des colonies,
Henry SIMON.

Le Ministre des finances,
L.-L. KLOTZ.

Circulaire ministérielle relative à la concession de passages gratuits pour les colonies aux familles des sous-officiers rengagés.

Paris, le 12 juillet 1919.

§ I. — Considérations générales et fixation du nombre maximum des passages pouvant être concédés.

Mon attention a été appelée à diverses reprises sur l'intérêt qu'il y aurait à autoriser les sous-officiers à emmener leurs familles aux colonies.

Au point de vue moral, cette mesure présenterait des avantages incontestables; au point de vue pécuniaire, elle améliorerait la situation des sous-officiers en ne les obligeant plus aux doubles dépenses nécessitées par leur propre entretien aux colonies et par celui de leur famille restée en France; au point de vue militaire, elle faciliterait leur recrutement en leur permettant de concilier la vie familiale avec les exigences de leur carrière.

Toutefois, son application est délicate. Nombreux sont, en effet, les postes et les garnisons dont les ressources en logement sont insuffisantes et qu'il n'est possible de rallier qu'au prix de voyages longs et pénibles. Les considérations de ma circulaire du 23 janvier 1906, exposant ces difficultés en ce qui concerne les officiers, ont encore plus de valeur en ce qui concerne les sous-officiers. Il est, d'autre part, impossible d'affecter exclusivement les sous-officiers célibataires aux postes précités et de réserver entièrement à leurs camarades mariés les colonies et les garnisons où la vie présente les commodités nécessaires. Il faut que les sous-officiers fatigués par un séjour dans des régions difficiles et insalubres puissent être appelés à se reposer dans de meilleures conditions d'installation et de climat. Il faut aussi que le commandement dispose en tout temps, dans les centres importants, de sous-officiers susceptibles de relever leurs camarades dans les postes malsains et éloignés; qu'il puisse envoyer dans des colonies où l'existence est mieux assurée les militaires dont la santé a été compromise par des séjours successifs dans des contrées moins hospitalières.

Ces conditions m'ont conduit à n'envisager la concession de la gratuité des passages qu'aux familles des sous-officiers rengagés, dans les conditions déterminées ci-après.

Les sous-officiers rengagés des corps de troupe ne pourront obtenir cette concession que dans une proportion déterminée soit de l'effectif total des sous-officiers pour les colonies les plus favorisées, soit de l'effectif de certaines garnisons importantes dans les colonies où les, postes éloignés sont plus nombreux et les conditions d'habitabilité plus précaires; enfin, je ne l'envisage qu'à titre absolument exceptionnel pour les colonies où l'existence des Européens est particulièrement difficile.

En ce qui concerne les sous-officiers rengagés appartenant à des catégories spéciales et assurés de par leurs fonctions d'une certaine stabilité et d'une affectation dans des centres importants, il m'a paru possible de les faire bénéficier des dispositions bienveillantes analogues à celles que mes circulaires antérieures ont concédées aux stagiaires officiers d'administration, aux adjudants gardiens de batterie, aux infirmiers de l'ancienne formation, au personnel armurier de la marine et aux chefs de fanfare.

Tel est le cas des sous-officiers rengagés des sections annexes (secrétaires d'état-major, commis et ouvriers militaires d'administration coloniaux, etc.) qui pourront être assimilés au personnel ci-dessus.

Par contre, les sous-officiers rengagés des petits états-majors et compagnies hors rang des corps de troupe ne sont pas susceptibles de jouir intégralement de la même faveur, car ils ne sont pas obligatoirement affectés aux postes dont il s'agit et ce n'est que quand ils ont préalablement prouvé leur aptitude à remplir leurs fonctions spéciales qu'ils peuvent jouir de dispositions plus favorables que les autres sous-officiers des corps de troupe.

En conséquence, les sous-officiers rengagés ont été classés en trois catégories : A, B et C, ainsi qu'il suit :

Catégorie A.

Stagiaires officiers d'administration.

Adjudants gardiens de batterie.

Chefs et sous-chefs de fanfare.

Sergents-majors clairons, sergents, clairons et trompettes majors.

Infirmiers de l'ancienne formation.

Sous-officiers armuriers.

Sous-officiers appartenant aux formations suivantes : section de secrétaires d'état-major coloniaux, d'infirmiers coloniaux, de commis et ouvriers d'administration des troupes coloniales, des compagnies d'ouvriers d'artillerie coloniale, des dépôts de remonte.

Sous-officiers pilotes.

Sous-officiers mécaniciens chefs d'atelier (aviation).

Catégorie B.

Sous-officiers des corps de troupe de toutes armes autres que ceux compris dans les catégories A et C.

Catégorie C.

Sous-officiers de la section de télégraphistes coloniaux.

Sous-officiers des corps de troupe non compris dans la catégorie A à la charge des budgets généraux ou locaux des colonies.

Le tableau annexé à la présente circulaire indique, pour chacune des catégories ci-dessus et pour chaque colonie, dans quelles limites de nombre les sous-officiers rengagés pourront être autorisés à emmener leurs familles aux colonies ou à s'y faire rejoindre par elles.

§ II. — ÉTABLISSEMENT DES DEMANDES DE CONCESSION DE PASSAGES GRATUITS.

Les règles suivies actuellement pour la concession de passages gratuits aux familles des officiers s'appliqueront à celles des sous-officiers rengagés en tenant compte toutefois des limites de nombre fixées par le tableau ci-joint.

En particulier, il reste entendu que, conformément à l'article 33 du décret du 3 juillet 1897, « le droit au passage des familles reste essentiellement subordonné à la décision du Ministre des colonies » et que le refus de ce passage, motivé ou non, n'ouvre en aucun cas le droit à un recours contentieux contre la décision du Ministre. Enfin les familles voyageront dans la classe correspondant au grade du chef de famille.

En conséquence, les demandes en vue de s'embarquer avec leur famille seront remises par les intéressés, dès que les désignations coloniales auront paru, au chef de corps ou de service, qui certifiera que le pétitionnaire est rengagé et les transmettra avec son avis, directement et sans passer par la voie hiérarchique, au Ministre des colonies (Direction des Services militaires; 1er Bureau), de manière qu'elles lui parviennent dans les cinq jours, suivant les désignations coloniales.

Ces demandes devront mentionner l'engagement pris par le chef de famille de ne solliciter de la colonie ou de la métropole, au cours de son séjour colonial et du fait de la présence de sa famille auprès de lui, aucune subvention autre que celles régulièrement allouées par les règlements en vigueur.

Quant aux sous-officiers rengagés en service aux colonies et désireux de s'y faire rejoindre par leur famille, ils adresseront leurs demandes aux commandants supérieurs qui les transmettront au Département avec leur avis, par câble le cas échéant.

Chacune de ces demandes sera l'objet d'un examen particulier, basé principalement sur les disponibilités en places de sous-officiers mariés existant dans la colonie.

§ III. — Logement des sous-officiers mariés.

En principe, les sous-officiers mariés doivent pourvoir eux-mêmes et à leurs frais à leur logement aux colonies.

Toutefois, des logements pourront leur être attribués dans les bâtiments militaires.

Les logements de sous-officiers actuellement existant dans ces bâtiments seront équitablement répartis entre les différentes catégories de sous-officiers. De nouveaux locaux seront aménagés avec un minimum de frais, partout où cela sera possible. A titre exceptionnel, des logements spéciaux pourront même être construits.

En aucun cas, le logement dans les bâtiments militaires ne sera un droit.

Dans les avis qu'ils donneront sur les demandes de passages gratuits qui leur seront soumises, les commandants supérieurs tiendront compte des facilités de logement existant, tant en ville que dans les bâtiments militaires.

Les fixations du tableau ci-annexé, en ce qui concerne le nombre des passages, sont, en effet, des maxima qui ne devront être atteints que dans la mesure où les ressources en logement le permettront.

Le Ministre des colonies,
Henry Simon.

Tableau indiquant les nombres maxima de passages gratuits pour les colonies pouvant être concédés aux familles des sous-officiers rengagés.

CATÉGORIES.	COLONIES.	NOMBRES MAXIMA DE PASSAGES pouvant être accordés par catégories et par colonies.	OBSERVATIONS.
Catégorie A..	Colonies autres que l'Afrique équatoriale et la côte des Somalis.	Sans limitation......................	Dans la mesure compatible avec les nécessités du service et les ressources en logements.
	Afrique équatoriale. — Côte des Somalis.	A titre exceptionnel.	
Catégorie B..	Antilles et Guyane, Nouvelle-Calédonie, Réunion.	Au maximum, jusqu'à concurrence de la moitié de l'effectif des sous-officiers des corps de troupe....................	Les s^s-officiers des petits états-majors et compagnies hors rang des corps de troupe, qui n'auraient pas bénéficié d'un passage gratuit pour leur famille à leur départ de France, pourront être autorisés, sans limitation de nombre, à se faire rejoindre par leur famille si après trois mois d'exercice de leurs fonctions spéciales ils sont reconnus aptes à les exercer.
	Madagascar, Indo-Chine...	Artillerie. — Au maximum jusqu'à concurrence de la moitié de l'effectif des sous-officiers des corps de troupe d'artillerie et de génie..................... Infanterie. — Au maximum, jusqu'à concurrence de la moitié de l'effectif en sous-officiers de garnisons désignées par les commandants supérieurs..............	
	Afrique occidentale.........	A titre exceptionnel.	
	Afrique équatoriale. — Côte des Somalis............	A titre exceptionnel.	
Catégorie C..	Colonies autres que l'Afrique équatoriale et la côte des Somalis.	Dans les limites fixées par les gouverneurs généraux et gouverneurs.	
	Afrique équatoriale. — Côte des Somalis.	A titre exceptionnel.	

*Notification d'une circulaire relative à la concession de passages
gratuits pour les colonies aux familles de brigadiers fourriers
et caporaux fourriers rengagés.*

Paris, le 1ᵉʳ septembre 1919.

Le Ministre des colonies à MM. les Gouverneurs généraux et Gouverneurs
des colonies.

Par dépêche n° 3901, du 12 juillet 1919, je vous ai notifié ma
circulaire n° 3900 du même jour, relative à la concession de
passages gratuits pour les colonies aux familles de sous-officiers rengagés (décret du 12 juillet 1919, *Journal officiel* du
19 juillet).

Les documents susvisés ne prévoient pas le cas particulier des
demandes de passage de famille pouvant être formulées par
les caporaux fourriers ou brigadiers fourriers.

Or. la décision présidentielle du 8 mai 1907 a posé le principe que les caporaux fourriers et brigadiers fourriers doivent
être traités comme les sous-officiers à bord des paquebots lorsqu'ils voyagent pour le service.

En conséquence, par analogie avec les dispositions de la décision présidentielle sus-indiquée. les caporaux fourriers et brigadiers fourriers rengagés sont autorisés à se faire accompagner de leur famille aux colonies dans les conditions du décret
du 12 juillet 1919 et de ma circulaire n° 3900, sous réserve, toutefois, **que les demandes de passage de famille des caporaux**
fourriers et brigadiers fourriers seront examinées et solution-
nées après celles des sergents rengagés.

Henry SIMON.

*Décret réglant le tour de service colonial des militaires
des troupes coloniales (1).*

Paris, le 23 octobre 1919.

TITRE Ier.

OFFICIERS ET ASSIMILÉS.

Art. 1er. Le service colonial s'effectue par roulement, par grade, de tous les officiers des troupes coloniales disponibles dans chaque arme et dans chaque service.

Toutefois, en cas d'envoi outre-mer d'unités constituées, le Ministre de la guerre peut désigner le personnel (officiers et troupe) qui doit entrer dans leur composition sans tenir compte du tour de service colonial.

Il n'existe pas de tour de service colonial pour les officiers généraux et fonctionnaires assimilés dont les désignations sont faites au mieux des intérêts du service par le Ministre de la guerre, après entente avec le Ministre des colonies.

Art. 2. Les officiers des troupes coloniales disponibles pour le service colonial sont portés, par grade dans chaque arme et service, sur des listes de tour de départ tenues au ministère de la guerre (Direction des Troupes coloniales). Toutefois, les listes peuvent être communes pour les lieutenants et sous-lieutenants et pour les fonctionnaires de l'intendance et les officiers d'administration de plusieurs grades.

Les inscriptions sur les listes sont faites conformément aux dispositions ci-après :

a) Les officiers rentrés en France après un séjour colonial complet sont inscrits d'après la date de leur débarquement;

b) Les officiers, élèves des écoles d'application et des écoles militaires sont inscrits sur la liste de leur grade d'après leur rang de sortie de ces écoles;

c) Les officiers rentrés des colonies avant d'avoir terminé le séjour réglementaire sont inscrits sur les listes de tour de service colonial de manière que le temps qu'ils ont à passer en

---

(1) Modifié conformément aux décrets des 20 mai 1921 et 25 mars 1922.

France se trouve diminué d'une quantité proportionnée au temps qui leur manquait pour accomplir le séjour réglementaire.

En cas de besoin, les officiers inscrits au tableau d'avancement concourent pour la relève du grade immédiatement supérieur.

Art. 3. Un tableau de départ, comprenant les officiers portés en tête des listes de tour de service colonial est publié chaque mois au *Journal officiel*.

Le nombre d'officiers de toutes catégories à envoyer aux colonies est arrêté après entente entre le Ministre de la guerre et le Ministre des colonies.

Le Ministre de la guerre prononce les affectations en suivant en principe l'ordre d'inscription sur les listes de tour de départ et fixe, d'entente avec le Ministre des colonies, les dates de départ de France des officiers désignés.

Les affectations, et autant que possible les dates de départ, sont publiées au *Journal officiel*.

Art. 4. Le Ministre de la guerre déterminera, d'accord avec le Ministre des colonies, les catégories d'officiers qui pourront être désignés hors tour pour les colonies.

Les commandants supérieurs des troupes aux colonies, les commandants des points d'appui de la flotte aux colonies sont nommés par décret rendu sur la proposition des Ministres de la guerre et des colonies.

Art. 5. Les permutations de tour de service colonial pour convenances personnelles peuvent être autorisées par le Ministre de la guerre dans les conditions fixées par une instruction.

Art. 6. Les fonctions spéciales entraînant l'indisponibilité pour le service colonial ainsi que la durée de cette indisponibilité sont déterminées par instruction du Ministre de la guerre, après entente, s'il y a lieu, avec les Ministres intéressés.

Art. 7. Les officiers qui ne pourraient pas suivre leur tour de service colonial pour raisons de santé peuvent être proposés d'office ou sur leur demande pour une dispense de service colonial.

Ces officiers sont toujours l'objet d'un examen médical à la suite duquel est établi un certificat motivé.

Les dispenses pour raisons de santé sont valables pour une période de trois mois au maximum et renouvelables jusqu'à une durée totale d'une année.

Les officiers qui, après une année de dispense, seraient reconnus inaptes au service colonial, seront proposés pour la non-activité pour infirmités temporaires ou pour la retraite d'office s'ils ont droit à une pension de retraite pour ancienneté de service.

Art. 8. Les officiers qui ont reçu une destination coloniale peuvent obtenir du Ministre de la guerre un sursis de départ de courte durée pour raisons de service ou pour convenances personnelles. A l'expiration de ce sursis, ils suivent la destination qui leur était assignée.

Art. 9. La durée du séjour réglementaire (traversée non comprise) que les officiers doivent accomplir dans les diverses régions outre-mer est la suivante : Inde, trois ans; Martinique, trois ans; Guadeloupe, trois ans; Pacifique, trois ans; Réunion, trois ans; Saint-Pierre-et-Miquelon, trois ans; Indo-Chine, deux ans; Chine, deux ans; Guyane, deux ans; Côte des Somalis, deux ans; Madagascar, deux ans; Afrique occidentale française, deux ans; Cameroun, deux ans; territoire militaire du Tchad, deux ans; Maroc, deux ans; Gabon, vingt mois; Moyen-Congo, vingt mois; Oubanghi-Chari, vingt mois.

La durée des séjours dans les pays non mentionnés ci-dessus est fixée par le Ministre de la guerre.

Art. 10. Les officiers en service aux colonies peuvent être autorisés à prolonger d'une année leur séjour réglementaire.

Les prolongations d'une durée supérieure à un an sont accordées par le Ministre de la guerre dans des cas tout à fait exceptionnels.

Aux colonies, les officiers et assimilés de même grade peuvent permuter de tour de rentrée en France, sous réserve que l'officier qui désire avancer son retour ait effectué, au moment de son départ de la colonie, au moins les deux tiers de séjour réglementaire.

Ces permutations sont accordées par le général commandant supérieur.

Les médecins des troupes coloniales, désignés d'entente entre les Ministres de la guerre et des colonies, pour occuper, soit dans la situation hors cadres, soit cumulativement avec leurs fonctions militaires de directeur du service de santé, des fonctions civiles de directeur de la santé publique d'une colonie ou d'un groupe de colonies, ainsi que les médecins et pharmaciens remplissant certains emplois de spécialistes, seront autorisés par le Ministre de la guerre, sur la demande du Ministre des colonies, à prolonger par années successives, leur séjour dans la colonie et à retourner dans la même colonie après un congé de six mois passé en France, autant de fois que l'exigera l'intérêt du service et que le permettra la santé des intéressés.

Les dispositions ci-dessus sont intégralement applicables aux vétérinaires militaires.

Elles pourront également s'appliquer aux officiers et aux sous-officiers de toutes armes détachés aux colonies aux services des travaux publics ou de chemin de fer ou au service géographique, sans que la durée totale des prolongations de séjour ou des séjours consécutifs puisse, en principe, dépasser une durée de sept ans.

TITRE II.

SOUS-OFFICIERS, CAPORAUX, BRIGADIERS ET SOLDATS ET EMPLOYÉS MILITAIRES ASSIMILÉS DES TROUPES COLONIALES.

Art. 11. Les adjudants-chefs sont désignés pour les colonies dans les mêmes conditions que les officiers, c'est-à-dire d'après un tour de départ arrêté par le Ministre et publié au *Journal officiel*.

Art. 12. Le service colonial des hommes de troupe à l'exception des adjudants-chefs s'effectue, en principe, par roulement dans chaque corps de troupe ou section-annexe par grade et par emploi, de tous les hommes de troupe disponibles.

Toutefois, en cas d'envoi outre-mer d'unités constituées, le Ministre de la guerre peut désigner le personnel-troupe qui doit entrer dans leur composition sans tenir compte du tour de service colonial.

Les règles du tour de service colonial ne sont pas applicables aux engagés et rengagés, pour une colonie déterminée, sous le régime du décret du 1er mars 1904.

Art. 13. Les hommes de troupe disponibles pour le service colonial, à l'exception des adjudants-chefs, sont portés sur des listes de tour de service colonial, tenues par grade ou emploi dans chaque corps ou section-annexe dans les conditions fixées par le Ministre de la guerre.

Art. 14. Le Ministre de la guerre déterminera les catégories d'hommes de troupe pouvant être désignés hors tour pour les colonies, ainsi que ceux pouvant être distraits temporairement des listes de tour de service colonial.

Art. 15. Les effectifs des hommes de troupe à désigner pour les colonies sont arrêtés par le Ministre de la guerre, après entente avec le Ministre des colonies; les désignations sont faites dans les conditions fixées par le Ministre de la guerre.

Les désignations sont faites en suivant en principe le tour de service colonial et de manière à permettre aux militaires prochainement libérables de remplir les obligations du service colonial.

Les désignations pour les colonies et les affectations à la rentrée en France sont faites de façon à apporter le moins de trouble possible dans la marche générale du service et dans l'instruction des corps.

Art. 16. Sont disponibles pour le service colonial, sous réserve d'être âgés de 21 ans révolus et d'avoir au moins six mois de présence sous les drapeaux, les catégories de militaires ci-après :

1° Les engagés et rengagés liés au service par un contrat leur permettant, en principe, de faire un séjour aux colonies de deux ans au minimum;

2° Les appelés qui font par écrit la demande de servir aux colonies; toutefois, les hommes de troupe de cette catégorie peuvent être désignés d'office pour servir dans les régions du bassin méditerranéen (Maroc compris).

Art. 17. Les sous-officiers peuvent permuter de tour de départ et obtenir des sursis de départ dans les conditions fixées par les articles 5 et 8 pour les officiers.

Tous les hommes de troupe peuvent bénéficier de dispenses de service colonial, pour raisons de santé, dans les conditions fixées par l'article 7; toutefois, ceux qui auraient obtenu pour raisons de santé, au cours d'un même séjour en France, des dispenses successives de service colonial formant un total de douze mois, seront envoyés devant un conseil d'enquête pour inaptitude physique s'ils ont plus de quinze ans de services ou devant un conseil de réforme s'ils ont moins de quinze ans.

Art. 18. La durée de séjour réglementaire (traversées non comprises) que les hommes de troupe doivent accomplir dans les diverses régions outre-mer est celle fixée à l'article 9 pour les officiers.

Toutefois, la durée réglementaire du premier séjour colonial effectué par un homme de troupe est majorée d'une année pour les colonies ou protectorats ci-après : Inde, Martinique, Guadeloupe, Guyane, Nouvelle-Calédonie, Taïti, Chine, Indo-Chine, Réunion, Madagascar.

Les hommes de troupe libérables sont rapatriés dans les conditions fixées par le Ministre de la guerre.

Art. 19. Les hommes de troupe peuvent être autorisés à prolonger leur séjour colonial d'un an.

Les prolongations de séjour au delà d'une année ne sont accordées que par le Ministre de la guerre et dans des cas tout à fait exceptionnels.

Art. 20. Une instruction du Ministre de la guerre déterminera le mode de désignation des agents du commissariat des colonies et des comptables de matières des colonies.

TITRE III.

DISPOSITIONS SPÉCIALES ET TRANSITOIRES.

Art. 21. Les dispositions prévues par le présent décret s'appliquent au personnel hors cadres employé aux colonies sous la réserve fixée pour le corps de santé par l'article 3 du décret du 4 novembre 1903.

Art. 22. Le Ministre de la guerre déterminera les pays hors de France qui seront temporairement assimilés aux colonies pour le tour de service. Il fixera la durée du service et les conditions d'inscription sur les listes de départ en fin de séjour.

Art. 23. Sont abrogés : le décret du 26 octobre 1915 suspendant l'application du décret du 30 décembre 1903.

Le décret du 30 décembre 1903 sur le service colonial et les décrets du 26 août 1906 et du 22 février 1910 qui modifient le décret du 30 décembre 1903.

Art. 24. Les Ministres de la guerre et des colonies sont chargés, chacun en ce qui le concerne, de l'exécution du présent décret, qui entrera en vigueur immédiatement.

Instruction réglant l'application du décret du 23 octobre 1919 sur le tour de service colonial des militaires des troupes coloniales (1).

Paris, le 24 octobre 1919.

TITRE Ier.

OFFICIERS ET ASSIMILÉS.

Art. 1er. *a)* En principe, les officiers provenant des écoles militaires ne seront disponibles pour le service colonial qu'après avoir servi pendant six mois en France, en qualité d'officiers, après leur sortie de ces écoles.

b) Les officiers qui, par suite de la limite d'âge, ne seraient pas en mesure d'accomplir, avant la date de leur mise à la retraite, une période de séjour colonial, peuvent être maintenus en France, alors même que leur tour de départ serait arrivé. Ils restent toutefois disponibles pour servir au Maroc, dans le bassin méditerranéen et en Europe.

c) Il en est de même pour les officiers qui ont au moins vingt-quatre ans de services et six ans de service aux colonies et s'engagent par écrit à prendre leur retraite à vingt-cinq ans de services.

Art. 2. *a)* Les listes de tour de service colonial sont établies au ministère de la guerre (Direction des Troupes coloniales; Bureau d'armes).

b) Les listes sont communes pour les lieutenants et les sous-lieutenants, à l'exception des catégories d'officiers ci-après qui sont portés sur une liste spéciale :

1° Les officiers sortant des écoles Saint-Cyr et Saint-Maixent dans l'infanterie coloniale, qui sont inscrits dans l'ordre de leur classement de sortie, en principe six mois après leur nomination d'officier. Si les dates de sortie des deux promotions sont voisines, l'inscription des officiers a lieu simultanément pour Saint-Cyr et Saint-Maixent, en alternant chacune des promotions

---

(1) Mis à jour par l'incorporation dans le texte des modifications apportées les 19 décembre 1919, 29 décembre 1919, 8 mai 1920, 24 septembre 1920, 23 novembre 1920, 15 décembre 1920, 14 janvier 1921, 2 mai 1921, 27 mai 1921, 28 novembre 1921, 18 janvier 1922, 15 février 1922, 3 juin 1922, 22 juillet 1922.

suivant leur importance respective, de manière qu'elles soient entamées et épuisées à peu près en même temps.

La même règle est applicable aux deux promotions d'officiers sortant de Fontainebleau dans l'artillerie coloniale.

2° Les sous-officiers promus directement officiers et, le cas échéant, les officiers de réserve titularisés dans l'active six mois après leur nomination ou leur titularisation, si cette nomination ou cette titularisation a eu lieu pendant le séjour en France des intéressés; pour ceux nommés ou titularisés aux colonies, ils suivent à leur retour en France la règle générale et sont inscrits sur la liste commune.

Les désignations pour les colonies sont faites en prenant alternativement les officiers sur l'une et l'autre liste, proportionnellement aux effectifs de chacune d'elles et de manière à répartir les vacances de chaque colonie entre les officiers des deux listes.

c) Les médecins du corps de santé colonial font l'objet de listes distinctes pour chaque grade.

Toutefois, les médecins aides-majors de 1re et 2e classe sont portés sur la même liste, à l'exception des médecins aides-majors sortant des écoles qui sont portés sur une liste spéciale d'après l'ordre de leur classement de sortie.

d) Les fonctionnaires de l'intendance font l'objet de deux listes distinctes comprenant respectivement :

1° Les sous-intendants militaires de 1re et de 2e classe;

2° Les sous-intendants militaires de 3e classe et les adjoints à l'intendance.

e) Les listes de tour de service colonial des officiers d'administration d'artillerie, de l'intendance et du service de santé seront établies par catégories, à raison de deux listes pour chaque catégorie comprenant respectivement :

1° Les officiers d'administration principaux et de 1re classe; toutefois, pour les comptables et pour les conducteurs de travaux de l'artillerie coloniale, il sera établi une liste pour les officiers d'administration principaux et une pour les officiers d'administration de 1re classe;

CIRCULAIRE *relative au tour de départ colonial des chefs d'escadron à titre définitif et à titre temporaire d'artillerie coloniale* (1).

Paris, le 1er octobre 1921.

Dans le but de répartir les charges du service colonial, les chefs d'escadron d'artillerie coloniale sont portés sur deux listes de départ distinc-

---

(1) Complétée le 28 novembre 1921.

2° Les officiers d'administration de 2° et 3° classe. Ces listes seront distinctes pour les catégories suivantes : 1° officiers d'administration d'artillerie (catégories comptables, artificiers, ouvriers d'état, conducteurs de travaux); 2° officiers d'administration de l'intendance (catégories bureaux et magasins);

3° Officiers d'administration du service de santé (une seule catégorie).

Les officiers d'administration de 3° classe provenant de l'Ecole d'administration militaire, qui n'ont pas encore accompli de séjour colonial, sont inscrits d'après leur date de sortie de l'école et dans l'ordre des numéros de classement. Ceux d'entre eux ayant fait un séjour colonial comme sous-officier et ceux qui proviennent directement des sous-officiers y figurent au rang que leur assigne la date de leur rentrée en France comme sous-officier.

f) Tout officier promu au grade supérieur pendant son séjour en France prend, sur la liste de tour de service colonial de son nouveau grade, le rang qui résulte de la date de son débarquement.

g) Tout officier rappelé de la non-activité ou ayant bénéficié d'une distraction de tour de service colonial prend rang d'après la date de son dernier débarquement.

h) Les officiers venant des troupes métropolitaines par permutation prennent la place de leur permutant sur la liste de tour de service colonial.

Les officiers venant des troupes métropolitaines par changement d'arme prennent rang en tête de la liste du tour de service colonial.

i) Lorsqu'un officier n'a pas accompli le temps de séjour réglementaire aux colonies, il est classé sur la liste de tour de service colonial en le considérant comme débarqué à une

---

tes, la première comprenant les chefs d'escadron à titre définitif, la seconde les chefs d'escadron à titre temporaire.

Les officiers figurant sur cette deuxième liste sont désignés ou pour des postes de chef d'escadron à titre définitif ou pour des postes de capitaine à titre définitif.

Dans ce dernier cas, ils servent dans les états-majors des commandants supérieurs de division de point d'appui des commandants de l'artillerie et des régiments d'artillerie dans les services de la justice militaire et du recrutement, comme adjoints dans certaines formations d'infanterie, dans les cabinets militaires des gouverneurs des colonies et dans les directions d'artillerie.

date antérieure à celle du débarquement effectif d'un nombre X de mois déterminé par la formule n° 1 :

$$X = \frac{S \times t}{T}$$

S représentant la durée du séjour en France du dernier officier du même grade qui vient d'être désigné dans les conditions normales (1) pour les colonies, au moment du débarquement de l'intéressé, t le temps de séjour colonial non accompli, T le temps de séjour colonial réglementaire (2).

Lorsqu'un officier aura été désigné d'office et hors tour pour servir aux colonies, il est inscrit au retour sur la liste de tour de service colonial en le considérant comme débarqué à une date postérieure à celle du débarquement effectif d'un nombre Y de mois déterminé par la formule n° 2 :

$$Y = S - s.$$

S, ayant la même signification que ci-dessus et s étant le temps de séjour en France accompli par l'intéressé.

Les formules n°^{s} 1 et 2 peuvent être appliquées simultanément si l'intéressé a été rapatrié avant d'avoir terminé son séjour réglementaire.

Les officiers en mission, dont la durée d'absence de France ne dépassera pas six mois prendront rang, d'après la date de débarquement, au retour des colonies qui précède la mission, retardée d'un nombre de mois égal à la durée de la mission.

Tous les calculs afférents à ces décomptes seront faits en mois pleins; les temps inférieurs à quinze jours étant négligés, les temps supérieurs ou egaux à quinze jours étant comptés pour un mois.

j) Lorsque des officiers ayant accompli une période de séjour réglementaire sont autorisés à rentrer en France par des voies anormales ou à bénéficier d'un congé à l'étranger, ils sont inscrits sur la liste de tour de service colonial à la date

---

(1) C'est-à-dire sans permutation de tour de départ, dispense, etc.

(2) Exemple : Un lieutenant rentré d'une colonie où le séjour réglementaire est de 24 mois, après 18 mois de séjour, est débarqué le 1ᵉʳ janvier 1920; le dernier lieutenant pris sur la liste commune des lieutenants et sous-lieutenants désigné pour les colonies a effectué en France un séjour de 16 mois. Le lieutenant rentrant en séjour interrompu sera considéré comme débarqué antérieurement au 1ᵉʳ janvier 1920 d'une quantité X = $\frac{16 \times 6}{24}$ = soit 4 mois, c'est-à-dire le 1ᵉʳ septembre 1919.

de l'expiration de leur période de séjour, augmentée de la durée moyenne de la traversée de retour par les voies directes.

k) Pour permettre l'établissement des listes de tour de service colonial, les corps et services des T. C. stationnés dans la métropole (1) établissent, à la date du 20 de chaque mois, un état conforme au modèle A annexé à la présente instruction faisant connaître la situation de chaque officier au point de vue du service colonial; cet état devra être adressé directement au Ministre de la guerre (Direction des Troupes coloniales; Bureau de l'Arme) le 25 du mois au plus tard. Sur cet état, devront figurer les officiers attendus.

l) Afin d'éviter tout retard dans les désignations, les corps et services signaleront d'urgence et directement au Ministre, aussitôt qu'ils se produiront, les cas d'indisponibilité ou de disponibilité pour le service colonial des officiers (état modèle B).

Art. 3. *a*) Le tableau de départ publié chaque mois au *Journal officiel* comprend, approximativement, le nombre d'inscriptions nécessaires pour combler les vacances probables aux colonies dans les deux mois qui suivent sa publication.

b) Les officiers dont les noms ont paru au tableau de départ peuvent faire connaître au Ministre, par la voie hiérarchique, trois colonies dans lesquelles ils désirent servir par ordre de préférence. Ces demandes sont formulées sur un état du modèle C ci-annexé.

Les officiers brevetés de langue indigène peuvent être, sur leur demande, désignés dans la mesure du possible, pour les pays dont ils connaissent la langue.

c) Les désignations sont faites chaque mois ou plus souvent s'il est nécessaire, de façon à maintenir au complet les effectifs prévus outre-mer.

d) Le Ministre de la guerre dispose, pour préparer les désignations, des renseignements que lui fournit le Ministre des colonies avant la fin de chaque année sur les effectifs budgétaires des colonies prévus pour l'année suivante; des situations de relève fournies comme il est dit ci-après; des demandes de remplacement du personnel H. C. que les services qui emploient ce personnel doivent faire parvenir au moins trois mois avant la date de rapatriement; des notifications de décès aux colonies ou de rapatriements anticipés qui sont faites télégraphi-

---

(1) Y compris les troupes indigènes en hivernage.

quement par les commandants supérieurs des troupes aux colonies.

Les situations de relève à fournir au Ministre sont conformes aux modèles D, E¹ et E² annexés à la présente instruction; elles sont établies le 1ᵉʳ de chaque mois par le commandant supérieur des troupes de la colonie ou du groupe de colonies, elles récapitulent en états globaux pour la colonie ou le groupe de colonies et distincts par arme et par service, les états particuliers que se fait adresser le commandant supérieur des troupes par tous les corps et services placés sous son commandement.

Le Ministre de la guerre fait communiquer, le 1ᵉʳ de chaque mois, au Ministre des colonies, la liste nominative des officiers aux colonies dont il y aurait lieu de désigner des remplaçants dans le courant du mois. Cette liste indique, pour chacun des officiers qui y figurent, les causes de la relève (fin de séjour réglementaire, décès, rapatriements anticipés, promotions, etc.).

Le Ministre des colonies retourne cette liste avec ses observations, s'il y a lieu, au Ministre de la guerre qui procède aux désignations nominatives du personnel, d'après les règles posées ci-dessus, et fixe la date de départ de ce personnel après entente avec le Ministre des colonies qui en assure l'embarquement.

e) Les officiers désignés pour les colonies ou groupes des colonies sont, en principe, mis à la disposition des commandants supérieurs des troupes qui les répartissent conformément aux dispositions de l'article 8 du décret du 9 novembre 1901 réglant les relations des gouverneurs des colonies avec les commandants supérieurs des troupes aux colonies.

Les désignations pour le Cameroun sont néanmoins faites directement par le Ministre de la guerre. Les officiers en service dans cette colonie ne peuvent être affectés à une autre colonie du groupe qu'après approbation préalable du Ministre de la guerre.

L'affectation des officiers hors cadres est prononcée par le Ministre de la guerre après entente préalable avec le Ministre des colonies. D'autre part, le Ministre de la guerre peut, éventuellement, prononcer directement l'affectation des chefs de corps et de service et des officiers comptables.

Les officiers désignés pour les colonies peuvent obtenir avant leur départ une permission de trente jours, qui leur est accordée avec autorisation de rejoindre le port d'embarquement, quand les circonstances le permettent.

Art. 4. *a*) Il n'est pas tenu compte du rang des intéressés sur la liste de tour de service colonial pour la désignation aux emplois suivants :

Commandant supérieur des troupes;
Commandant du point d'appui de la flotte;
Commandant de l'artillerie;
Directeur du service de l'intendance;
Directeur du service de santé;
Chefs d'état-major;
Chef des cabinets militaires des gouverneurs généraux.

b) Le tour de départ peut être avancé pour les officiers volontaires et susceptibles d'être affectés aux services ou emplois suivants :

1° Etat-major;
2° Constructions militaires;
3° Munitions et artifices;
4° Inspection d'armes;
5° Inspection du matériel de 75;
6° Service des postes photo-électriques des points d'appui de la flotte;
7° Emplois de comptables;
8° Justice militaire;
9° Unités méharistes;
10° Service télégraphique et radiotélégraphique;
11° Service géographique;
12° Emplois hors cadres;
13° Recrutement;
14° Missions diverses;
15° Fonctions administratives aux colonies.

Ces dérogations doivent conserver un caractère exceptionnel et se trouver justifiées par les besoins du service et les aptitudes spéciales de l'officier.

A défaut de volontaires, ces fonctions seront remplies par des officiers désignés d'office en suivant la liste de tour de service colonial.

c) Les désignations des officiers mentionnés au paragraphe *a*) et des officiers du paragraphe *b*) chargés des fonctions suivantes :

Service télégraphique et radiotélégraphique, emploi hors cadres, missions diverses, fonctions administratives aux colonies, font l'objet d'une entente préalable entre les Départements de la guerre et des colonies.

d) Les officiers qui ont l'intention de prendre leur retraite dans une colonie pourront, sur leur demande, être désignés hors tour pour effectuer dans cette colonie leur dernier séjour colonial. Ces demandes devront contenir l'engagement écrit de postuler la retraite en fin de séjour colonial, si les intéressés ne sont pas sur le point d'être atteints par la limite d'âge.

Art. 5. *a)* Deux officiers de même grade, disponibles pour le service colonial, peuvent être autorisés à permuter pour prendre respectivement le rang que chacun d'eux occupe sur la liste de tour de service colonial, sans qu'aucune condition de séjour en France soit imposée.

De même un officier désigné pour les colonies peut être autorisé à permuter avec un officier du même grade et de même arme ou service disponible pour le service colonial.

Deux officiers de même grade et de même arme ou service qui viennent d'être désignés pour les colonies peuvent être autorisés à permuter de destination coloniale.

Lorsqu'il s'agira d'officiers désignés pour des emplois spéciaux, les demandes de permutation ne pourront être accordées que si l'officier qui est appelé à occuper un emploi spécial réunit les conditions requises.

b) Les demandes en vue de permuter avec un officier désigné pour les colonies ou figurant sur le tableau de départ doivent être accompagnées d'un certificat médical fourni par l'officier qui demande à avancer son tour.

c) Les permutations de tour de service colonial sont accordées par le Ministre de la guerre; les demandes formulées par les officiers doivent être accompagnées de l'avis des autorités hiérarchiques, basé sur l'intérêt général et l'intérêt personnel des intéressés.

Art. 6. Sont distraits temporairement de la liste de tour de service colonial les officiers ou assimilés remplissant certains emplois spéciaux en France. Ces emplois, ainsi que la durée de la dispense du service colonial afférente à chacun d'eux, sont indiqués aux tableaux 1, 2, 3 annexés à la présente instruction.

Pour pouvoir être désignés pour ces emplois, les officiers devront être dans la deuxième moitié de la liste du tour de départ.

Ils ne deviendront disponibles pour le service colonial qu'après avoir accompli dans leur emploi la totalité de la période pendant laquelle cet emploi les distrait du tour de départ.

Il pourra cependant être dérogé aux règles ci-dessus dans des cas spéciaux soumis à la décision du Ministre de la guerre.

En particulier, ces officiers pourront, au même titre que les autres, bénéficier des dispositions du paragraphe *b*) de l'article 4 de la présente instruction.

En principe, et à moins de décision spéciale du Ministre, nul officier ou assimilé ne pourra remplir successivement, pendant le même séjour en France, deux emplois conférant dispense du service colonial. Toutefois, un officier ou assimilé pourra être affecté successivement, pendant le même séjour en France, à deux ou plusieurs de ces emplois, à condition que la dispense totale dont il bénéficiera du fait de ces emplois successifs ait une durée au plus égale à la durée maxima prévue pour les officiers de son grade par les tableaux 1, 2 et 3.

Pour les militaires occupant les emplois comportant dispense temporaire de service colonial au moment de la mise en vigueur de la présente instruction, la dispense prendra date du jour où ils ont pris effectivement leur dernier emploi.

Art. 7. Les chefs de corps et de service doivent faire visiter d'office par le médecin du corps chef de service, ou par un médecin désigné par le commandant d'armes, tous les officiers portés sur le tableau de départ, dès sa publication au *Journal officiel.*

Les officiers qui, à la suite de cette visite, ne sont pas reconnus aptes à servir aux colonies sont contre-visités, sur la demande du chef de corps ou de service, par deux médecins militaires désignés par le commandant d'armes. Les certificats de visite et de contre-visite sont transmis au Ministre (8e Direction; Bureaux d'Armes).

Les chefs de corps ou de service rendent compte télégraphiquement du résultat de la seconde visite au Ministre (8e Direction; Bureau d'Armes) qui décide si l'officier doit être dispensé du service colonial pour une période de trois mois.

Quinze jours avant la fin de sa dispense, l'officier est de nouveau examiné et, s'il est devenu apte à servir aux colonies, un certificat d'aptitude est transmis d'urgence et directement au Ministre; si l'officier paraît avoir besoin d'une deuxième dispense, il est envoyé en observation dans un établissement hospitalier où il est l'objet d'un examen approfondi, à la suite duquel le commandant d'armes fait établir un certificat médical signé par le médecin-chef et le médecin traitant. Ce certificat est transmis au Ministre, qui décide si l'officier doit obtenir une nouvelle dispense de trois mois.

L'obtention d'une troisième et d'une quatrième dispense est subordonnée aux mêmes formalités que la deuxième.

Les dispenses de trois mois ont pour point de départ la date du premier examen médical; les dispenses successives commencent le lendemain de l'expiration de la dispense précédente quelle que soit la date à laquelle elles sont accordées.

Il est fait mention très exactement sur le feuillet du personnel des intéressés des dispenses de service colonial qu'ils ont obtenues pour raison de santé.

Les propositions pour la mise en non-activité ou pour la mise à la retraite d'office des officiers dans les conditions de l'article 7 du décret du 23 octobre 1919 sont faites conformément aux dispositions du service courant.

Art. 8. Les sursis de départ ne sont accordés que dans des cas exceptionnels, à la suite de circonstances inopinées ou de nécessités impérieuses. Les officiers qui en bénéficient doivent, en principe, rejoindre leur poste colonial par le premier bateau suivant celui qu'ils auraient dû prendre normalement.

Art. 9. *a*) Le service colonial date du débarquement de l'officier intéressé dans le port où il doit rejoindre par voie terrestre ou fluviale son poste d'affectation. Toutefois, s'il a été débarqué par ordre ou par cas de force majeure dans une autre escale du groupe de colonies auquel il a été affecté et y a séjourné plus de quarante-huit heures, son service colonial date du débarquement dans cette escale, même s'il rejoint ensuite son poste d'affectation par la voie maritime.

b) Le temps passé dans la position de congé pour affaires personnelles ne compte pas dans la durée du séjour réglementaire.

c) Tout officier ou assimilé, en service dans une colonie, qui est promu au grade supérieur, est maintenu dans cette colonie ou dans une colonie du même groupe s'il existe une ou plusieurs vacances d'emploi de ce grade. Si, par suite de cette promotion, il se trouve dans le groupe de colonies un nombre d'officiers de même grade supérieur aux effectifs budgétaires, celui dont la durée de séjour dans la colonie est la plus longue est désigné pour rentrer en France.

Toutefois, si cet officier demande à être maintenu dans la colonie, l'officier marchant immédiatement après lui d'après la date d'arrivée sera désigné pour s'embarquer, et ainsi de suite, de telle sorte que l'officier promu ne soit appelé à quitter la colonie que dans le cas où aucun officier de son nouveau grade ne voudrait profiter d'une diminution de séjour.

d) Les autorités qui tiennent les feuillets de campagne y mentionnent les rentrées anticipées des officiers qui pour raisons de santé n'accomplissent pas le séjour réglementaire.

e) L'affectation en France des officiers ou adjudants-chefs rapatriés des colonies ou du bassin méditerranéen est prononcée par le Ministre de la guerre, en tenant compte des demandes des intéressés qui sont invités à faire connaître trois garnisons dans lesquelles ils désirent servir, par ordre de préférence.

A cet effet, les commandants supérieurs adresseront au Ministre de la guerre (8ᵉ Direction), un état mensuel comprenant les officiers et adjudants-chefs rapatriables dans un délai de trois mois.

En outre, le dossier du personnel et les pièces matricules des intéressés seront désormais adressés *directement* au corps ou service d'affectation en France, dès que ces affectations auront paru au *Journal officiel.*

Les officiers et adjudants-chefs rapatriés par anticipation remettent leur demande de garnison au dépôt des isolés lors de leur débarquement; leurs dossiers et pièces matriculaires sont adressés à l'administration centrale.

Art. 10. *a*) Dans toutes les colonies, le commandant supérieur des troupes peut autoriser directement les officiers ou assimilés sous ses ordres à prolonger d'une année la durée de séjour. En principe, l'autorisation ne pourra être accordée que sur le vu d'un certificat médical. Les avis de prolongation doivent être expédiés au Ministre, trois mois avant la date de rapatriement des intéressés.

b) L'approbation du Ministre de la guerre est nécessaire pour prolonger d'une année la durée de séjour pour les officiers ayant obtenu une première prolongation d'un an.

Les demandes de prolongation doivent parvenir au Ministre de la guerre (8ᵉ Direction; Bureau de l'Arme) au moins trois mois avant la fin du séjour de l'intéressé. Il y sera répondu par câblogramme.

c) Les prolongations de séjour de tous les officiers généraux, de tous les officiers dont les emplois sont énumérés dans le paragraphe *a*) de l'article 4 de la présente instruction, ainsi que de tous les officiers supérieurs hors cadres, sont accordées par le

Ministre de la guerre après entente avec le Ministre des colonies. Les demandes de l'espèce doivent parvenir au Ministre de la guerre par l'intermédiaire et avec l'avis du Ministre des colonies.

d) Les permutations de tour de rentrée en France sont accordées par les commandants supérieurs des troupes. Elles ne peuvent avoir lieu qu'entre deux officiers ou assimilés susceptibles de figurer sur la même liste de tour de service colonial.

e) Les commandants supérieurs des troupes signalent sur des avis en deux expéditions, destinées, l'une, au Ministre de la guerre, l'autre, au Ministre des colonies, les affectations, mutations, prolongations de séjour, permission pour la colonie ou pour l'étranger, retour en France par voie anormale ou permutations de tour de rentrée concernant les officiers en service dans la colonie.

f) Toutes les mutations sont publiées au *Journal officiel*.

TITRE II.

SOUS-OFFICIERS, CAPORAUX, BRIGADIERS ET SOLDATS ET EMPLOYÉS MILITAIRES ASSIMILÉS DES TROUPES COLONIALES.

Art. 11. Toutes les dispositions du titre Ier concernant les officiers sont applicables aux adjudants-chefs.

Le général commandant le C. A. colonial a la surveillance de l'application dans les dépôts des troupes et sections annexes des troupes coloniales des règles relatives au tour de service colonial des hommes de troupe.

Art. 12. Les hommes de troupe entrant dans la composition des unités constituées envoyées outre-mer ne sont pas portés sur les listes de tour de service colonial ou en sont rayés s'ils y figuraient.

Art. 13. *a)* Il est établi dans chaque corps de troupe ou section annexe des listes de tour de service colonial sur lesquelles sont inscrits les hommes de troupe susceptibles d'être désignés pour les colonies. Ces listes sont distinctes pour les aspirants, les adjudants. les sergents-majors ou maréchaux des logis chefs, les caporaux fourriers ou les brigadiers fourriers, les caporaux ou brigadiers, les soldats.

Les sergents ou maréchaux des logis et les sergents fourriers ou maréchaux des logis fourriers sont portés sur la même liste.

Chaque liste est divisée en deux parties :

1° La première partie comprend les hommes n'ayant pas servi aux colonies depuis leur dernière incorporation dans les troupes coloniales qui deviennent disponibles dans un délai de deux mois. Ces militaires sont classés d'après la date à laquelle ils deviennent disponibles, et pour ceux qui sont disponibles dès leur arrivée au corps, d'après le temps de service qui leur reste à accomplir, les premiers libérables étant inscrits les premiers;

2° La deuxième partie comprend les militaires ayant déjà servi aux colonies et disponibles pour le service colonial. Ils sont classés d'après la date de leur débarquement et d'après le temps de séjour dans la dernière colonie pour ceux débarqués en France le même jour.

Les militaires promus pendant leur séjour en France prennent rang sur la liste de leur nouveau grade et emploi suivant les règles employées pour leur inscription sur la liste de leur ancien grade ou emploi.

b) Les désignations sont faites en prenant alternativement des hommes sur les deux listes de manière à composer chaque détachement avec un certain nombre de vieux soldats, à éviter d'autre part que certains militaires échappent aux obligations du service colonial et enfin que les militaires de carrière ne restent pas trop longtemps en France.

c) Des listes distinctes sont en outre établies pour :

Les sous-officiers ayant des emplois spéciaux (maréchaux ferrants, mécaniciens, électriciens d'artillerie coloniale); les maîtres ouvriers, les caporaux ou brigadiers, premiers ouvriers armuriers, tailleurs ou cordonniers, les soldats ou canonniers ouvriers armuriers, tailleurs et cordonniers titulaires des emplois réglementaires, les clairons et trompettes, les musiciens, les maréchaux ferrants, les bourreliers, les maîtres pointeurs, les maîtres ouvriers en fer des batteries, les ouvriers mécaniciens des batteries montées, les ouvriers en fer et en bois des batteries à pied.

Il est établi, s'il y a lieu, dans chaque emploi, une liste pour le personnel des batteries montées et une pour celui des batteries à pied.

Les militaires des compagnies d'ouvriers ou sections d'ouvriers sont portés sur des listes distinctes pour les ouvriers proprement dits et pour les artificiers.

Les désignations des militaires de la section de télégraphistes coloniaux sont faites conformément à l'instruction du 15 janvier 1913, relative à l'organisation du dépôt de cette section.

d) Les chefs de corps portent mensuellement à la connaissance des intéressés par la voie de l'ordre le tableau de départ des hommes du corps portés en tête de liste du tour de service colonial, ainsi que la liste des hommes susceptibles d'être désignés hors tour.

e) Les hommes de troupe désignés pour les colonies, à l'exception de ceux qui sont désignés hors tour, sont mis à la disposition des commandants supérieurs qui les répartissent entre les colonies du groupe et entre les corps et services de ces colonies, d'après les vacances et la situation du moment.

Art. 14. *a*) Peuvent être désignés hors tour les hommes aptes à remplir des emplois spéciaux, ceux qui sont demandés pour remplir des emplois spéciaux aux colonies, les ordonnances des officiers généraux et supérieurs.

Les militaires qui approchent du moment où ils n'auront plus que deux ans à faire avant leur libération et qui désirent se faire libérer dans une colonie de leur choix peuvent y être envoyés sur leur demande. Ces dernières désignations ainsi que celles des soldats ordonnances susvisés sont faites par le général commandant le corps d'armée colonial.

b) Sont distraits temporairement des listes de tour de service colonial les sous-officiers, caporaux, brigadiers et soldats pourvus des emplois indiqués aux tableaux 4 et 5.

Les titulaires de ces emplois sont pris de préférence soit parmi les rengagés spéciaux au titre d'un emploi déterminé, soit parmi les non-disponibles pour le service colonial.

c) Un militaire ne peut remplir successivement, pendant le même séjour en France, deux emplois conférant dispense du service colonial.

Art. 15. *a*) Afin de permettre d'assurer en temps utile la relève des sous-officiers, caporaux, brigadiers et hommes de troupe de toutes catégories en service aux colonies, les chefs de corps et de service aux colonies adressent le 15 de chaque mois au Ministre de la guerre (8º Direction; Bureau de l'Arme) les situations suivantes :

1º Un état numérique, conforme aux modèles E et E² annexés à la présente instruction, du personnel à relever dans un délai de six mois;

2° Une situation d'effectif à la date du 1er du mois en cours, du modèle H. I, joint à la présente instruction.

Ces situations, établies en double expédition, doivent parvenir au Ministre de la guerre (8e Direction; Bureau de l'Arme) par l'intermédiaire du Ministre des colonies, qui en conserve une expédition.

b) Le Ministre de la guerre, après entente avec le Ministre des colonies, fixe les effectifs des détachements de relève à envoyer aux colonies et les dates d'embarquement.

Par délégation du Ministre de la guerre, le général commandant le corps d'armée des troupes coloniales détermine le contingent à fournir par chaque corps en tenant compte des effectifs des disponibles et des nécessités de service et d'instruction, et en égalisant autant que possible la durée du séjour en France dans chaque corps.

c) Dans les corps de troupe, les désignations sont faites en suivant les listes de tour de service colonial comme il est indiqué à l'article 13.

d) Les militaires désignés pour les colonies sont autorisés à demander une permission, dans les conditions de l'article 51 du décret du 1er mars 1890 sur les congés et les permissions (un mois au maximum si les circonstances le permettent).

e) Les corps et services des troupes coloniales stationnés dans la métropole établissent, à la date du 1er de chaque mois, des situations numériques des disponibles pour le service colonial conformes aux modèles F et F² annexés à la présente instruction.

Ces situations doivent parvenir au général commandant le corps d'armée des troupes coloniales avant le 10 de chaque mois.

Les chefs de corps indiquent dans la colonne « Observations », le nombre des élèves caporaux, élèves brigadiers, élèves clairons ou trompettes comptant à l'effectif du régiment et le nombre de musiciens (avec l'indication de l'instrument dont ils jouent) et celui des hommes ayant une spécialité professionnelle.

Art. 16. *a*) En principe, les hommes de troupe qui sont rentrés des colonies depuis moins de six mois ne sont pas disponibles pour le service colonial.

b) En cas de nécessité impérieuse ou d'expédition coloniale, les hommes de troupe ayant moins de deux ans de service et plus d'un an de service à accomplir, et ceux rentrés des colonies depuis moins de six mois, peuvent être désignés pour les colonies.

c) En tout temps, les hommes ayant moins de deux ans et plus de six mois de service à accomplir peuvent être utilisés dans les régions du bassin méditerranéen (Maroc compris), ainsi que les appelés du contingent. Il en est de même des militaires maintenus au corps en attendant un emploi réservé.

d) Les hommes de troupe commissionnés ne seront désignés pour les colonies autres que le Maroc que s'ils s'engagent par écrit à faire un séjour colonial complet.

e) Ne sont pas disponibles pour les colonies : a) les militaires qui attendent au corps la liquidation de leur pension proportionnelle ou de leur pension de retraite; b) les rengagés spéciaux de six mois.

Art. 17. a) Les autorisations de permuter de tour de départ et les sursis de départ seront accordés aux sous-officiers par le général commandant le C. A. C. dans les conditions prévues aux articles 5 et 8 de la présente instruction pour les officiers; pour les caporaux, brigadiers et soldats, elles sont accordées par le chef de corps, mais à titre tout à fait exceptionnel.

Elles ne peuvent être données deux fois de suite. Elles ne sont jamais accordées quand un des permutants doit devenir indisponible pour le service colonial peu de temps après sa permutation.

b) Les dispositions prévues à l'article 7 de la présente instruction sont applicables aux hommes de troupe, toutefois. les dispenses sont accordées par le général commandant le C. A. C. qui en rend compte au Ministre, en y joignant toutes propositions utiles.

Art. 18. a) Les hommes de troupe libérables qui déclarent ne pas vouloir rengager sont rapatriés par anticipation de manière à arriver en France un mois avant la date de leur libération ou un mois avant la date probable de la liquidation de leur pension, suivant qu'ils demandent ou non à attendre au corps cette liquidation.

b) Les militaires maintenus au corps en vertu des articles 72 et 74 de la loi du 21 mars 1905 peuvent être rapatriés par anticipation s'ils sont nommés à un emploi réservé.

c) L'affectation des hommes de troupe rentrant en France est

faite par les soins du dépôt des isolés ou de ses annexes suivant les instructions du général commandant le corps d'armée
colonial, qui peut prononcer le changement de corps des intéressés, au cours de leur congé, compte tenu des nécessités du service.

Art. 19. *a)* Les commandants supérieurs des troupes accor-
dent les prolongations de séjour d'une année aux hommes de
troupe en service dans le groupe de colonies. Les prolongations ne peuvent être accordées. sauf dans des cas exceptionnels, que sur le vu d'un certificat médical.

b) Les demandes de prolongation au delà d'un an sont adressées au Ministre dans les conditions indiquées à l'article 10 pour
les officiers.

Art. 20. Les agents du commissariat des colonies et les comptables des matières des colonies restent soumis au point de vue
du service colonial à la réglementation spéciale du Département
des colonies.

Ils sont désignés pour servir aux colonies d'après les demandes du Ministre des colonies et de façon à prendre le premier paquebot partant après l'expiration de leur congé.

Les agents du commissariat des colonies et les comptables
des matières des colonies peuvent être distraits temporairement
du service colonial pour occuper les emplois prévus au tableau
n° 6 annexé à la présente instruction.

TITRE III.

DISPOSITIONS SPÉCIALES ET TRANSITOIRES.

Art. 21. *a)* En ce qui concerne les militaires hors cadres, l'autorité militaire qui décide des rapatriements, des prolongations
de séjour doit prendre obligatoirement l'avis des chefs de service de ces militaires.

b) L'établissement des pièces relatives au tour de service colonial des officiers et hommes de troupe est dans les attributions des majors des corps de troupe.

Art. 22. *a)* L'inscription sur la première liste du tour de service colonial à établir en exécution de la présente instruction
sera faite en tenant compte uniquement de la date de rentrée
de la dernière colonie (y compris le Maroc, la Chine). Il ne sera
pas tenu compte, pour cette première inscription, du temps

passé sur les théâtres d'opérations extérieurs non mentionnés ci-dessus (armée d'Orient, Russie du Nord, Algérie-Tunisie, etc..., ou en mission à l'étranger).

b) Provisoirement, les désignations des officiers et des adjudants-chefs pour l'Algérie-Tunisie, l'armée d'Orient, le bassin méditerranéen et, le cas échéant, pour tout pays étranger d'Europe, à l'exception des pays rhénans (1), sont faites dans les mêmes conditions que celles pour les colonies, c'est-à-dire en suivant les listes de tour de service colonial.

Toutefois, les volontaires pour servir dans ces régions peuvent être désignés hors tour : à cet effet, les demandes de volontaires sont adressées à toute époque de l'année au Ministre (8e Direction; Bureau d'Arme) pour les officiers et adjudants-chefs, au général commandant le C. A. C. pour les hommes de troupe.

c) La durée du séjour dans les régions susvisées est, en principe, fixée à deux ans, à l'exception des durées de séjour fixées par des instructions spéciales communes aux troupes métropolitaines et aux troupes coloniales.

Il n'est accordé de prolongation de séjour aux militaires en service dans les régions fixées ci-dessus que dans des cas exceptionnels soumis à la décision du Ministre.

Toutefois, en ce qui concerne les militaires en service à l'armée du Levant, les prolongations de séjour sont accordées dans les conditions fixées par les articles 10 et 19 de la présente instruction, le rôle du commandant supérieur des troupes étant dévolu au général commandant en chef l'armée du Levant.

d) En rentrant en France, les officiers et adjudants-chefs provenant de l'A. O. et du Levant sont inscrits sur les listes de tour de service colonial, dans les conditions fixées pour ceux qui rentrent des colonies. Toutefois, ils pourront, sur leur demande, obtenir d'être inscrits sur ces listes d'après la date de débarquement à leur retour de la colonie où ils ont séjourné avant de servir dans les régions précitées.

En principe, les officiers inscrits sur la première liste de tour de service colonial, et récemment rentrés de l'A. O., du Levant, de la Russie du Nord ou de mission à l'étranger, ne doivent pas

---

(1) Le séjour dans les pays rhénans est entièrement assimilable au service en France et le personnel concourt à la relève coloniale dans les mêmes conditions que celui en service dans les régiments de la métropole.

être envoyés aux colonies, à moins qu'ils ne soient volontaires, avant d'avoir passé au minimum six mois en France, à compter de leur date de débarquement.

Des sursis d'embarquement seront accordés, sur leur demande, aux militaires désignés pour les colonies qui ne rempliront pas ces conditions.

Les mêmes règles sont applicables, le cas échéant, aux hommes de troupe ayant servi dans les régions susvisées.

e) En vue d'éviter tout préjudice aux intéressés, les officiers et hommes de troupe ne sont pas renvoyés d'office deux fois dans les régions dont le séjour n'est pas assimilé au séjour colonial pour le décompte des six ans de colonies entrainant le droit à la retraite à vingt-cinq ans de services.

f) Les dispositions des paragraphes *b)*, *c)*, *d)* et *e)* ci-dessus sont applicables aux désignations pour l'Algérie-Tunisie, où le séjour normal est fixé à deux ans.

Toutefois, les officiers et sous-officiers rentrant des colonies peuvent, sur leur demande, être affectés directement à un corps ou service stationné en Algérie-Tunisie et y être maintenus sans interruption pendant un temps égal à la durée d'un séjour dans la métropole augmenté de la durée d'un séjour colonial et d'un second séjour dans la métropole.

D'autre part, les officiers et sous-officiers désignés pour servir en Algérie-Tunisie dans les conditions fixées au paragraphe *b)* ci-dessus auront, en fin de séjour, qu'ils aient ou non bénéficié d'une prolongation, la faculté d'être maintenus en service en Algérie-Tunisie, jusqu'à ce que leur rang sur le tour de départ les amène à recevoir une nouvelle désignation coloniale.

TABLEAU N° 1.

AJOURNÉS DU SERVICE COLONIAL.

Infanterie et artillerie coloniales. — Officiers.

DÉSIGNATION DES EMPLOIS.	DURÉE PENDANT LAQUELLE les officiers sont distraits du tour de départ colonial.	OBSERVATIONS.
Officier attaché à la personne du Président de la République....	Illimitée.	(a) Certains emplois dans les états-majors ne confèrent pas dispense du service colonial. Mention en est faite dans la décision ministérielle désignant l'officier pour occuper un de ces emplois.
Officier détaché au cabinet d'un Ministre ou d'un Sous-Secrétaire d'Etat.................	Id.	
Officier supérieur employé à l'Administration centrale (Guerre ou Colonies) ou à un service d'état-major (a)..............	2 ans (b).	(b) Renouvelable pour deux périodes successives de 1 an, si l'intérêt du service l'exige.
Officier subalterne employé à l'Administration centrale (Guerre ou Colonies) ou à un service d'état-major (a)..............	2 ans (c).	(c) Renouvelable pour 1 an, si l'intérêt du service l'exige.
Officier comptable des portions centrales et secondaires (major, trésorier, capitaine chargé du matériel, officiers de détails, officiers payeurs).........	2 ans (c).	
Commandant du B. C. F. I. — Commandant du dépôt des isolés coloniaux, capitaine comptable du dépôt des isolés........	2 ans (c):	
Commandant des camps de Fréjus.........................	2 ans.	
Lieutenant adjoint au trésorier, lieutenant adjoint à l'officier chargé du matériel, officier d'approvisionnement..........	2 ans.	
Officier détaché au service géographique de l'armée..........	Durée du stage	
Officiers détachés dans les écoles militaires et au bataillon de fusiliers marins..............	2 ans.	Renouvelable pour les officiers professeurs pour deux périodes d'un an si l'intérêt du service l'exige.

DÉSIGNATION DES EMPLOIS.	DURÉE PENDANT LAQUELLE les officiers sont distraits du tour de départ colonial.	OBSERVATIONS.
Officier commandant une annexe du dépôt des isolés coloniaux, officiers comptables du dépôt et lieutenant chargé de la matricule......................	1 an (c).	c) Renouvelable pour un an, si l'intérêt du service l'exige.
Capitaine commandant la section de télégraphistes coloniaux et lieutenant de cette section.....	1 an (c).	
Capitaine commandant la section de secrétaires d'état-major coloniaux........................	1 an (c).	
Capitaines détachés à la commission d'études pratiques du tir de côte et officiers membres de la commission d'expériences de Gâvres........................	2 ans.	
Officier sortant de l'Ecole d'application de cavalerie............	1 an.	
Officier placé dans la position H. C. pour occuper en France un emploi à la disposition du Ministre des colonies...........	2 ans (d).	(d) Renouvelable pour deux périodes d'un an (officiers supérieurs) et pour un an (officiers subalternes) si l'intérêt du service l'exige.
Officiers autorisés à prendre part au concours pour l'École de guerre, le corps de contrôle de l'administration de l'armée. l'intendance des T. C., l'inspection des colonies, le contrôle de la marine........................	jusqu'à l'issue du concours (e)	(e) Le nombre d'officiers dispensés au titre de l'Ecole de guerre ne doit pas dépasser 12.
Officiers admis à l'Ecole de guerre, ou dans le corps de l'intendance	durée des cours et des stages.	
Officiers du cadre du dépôt des travailleurs coloniaux à Marseille........................	1 an.	
Capitaines chargés de la mobilisation........................	2 ans.	
Lieutenant chargé dans les régiments du service des effectifs, adjoint au capitaine chargé de la mobilisation................	2 ans.	Non renouvelables.
Lieutenant adjoint au capitaine comptable du D. I. C. Marseille.	2 ans.	Id.

DÉSIGNATION DES EMPLOIS.	DURÉE PENDANT LAQUELLE les officiers sont distraits du tour de départ colonial.	OBSERVATIONS.
Lieutenant chargé des effectifs au D. I. C. Marseille..............	2 ans.	Non renouvelables.
Officier supérieur, directeur des cours préparatoires à Saint-Maixent....................	2 ans.	Id.
Officiers subalternes, professeurs aux cours préparatoires à Saint-Maixent...................	1 an.	Id.
Officier subalterne détaché dans les services de la justice militaire (commissaire, rapporteur, substitut)...................	2 ans.	Id.
Officier d'administration chargé du parc d'instruction dans les régiments d'artillerie..........	2 ans.	Id.
Lieutenant d'artillerie coloniale chargé de la mobilisation dans les portions détachées........	2 ans.	Id.
Officier supérieur commandant le parc annexe de Marseille.....	2 ans.	Id.
Officier d'administration comptable matières du parc annexe de Marseille...................	2 ans.	Id.
Officier d'administration comptable finances du parc annexe de Marseille...................	2 ans.	Id.
Officiers employés dans les établissements de l'artillerie.......	3 ans.	Renouvelable pour les officiers supérieurs à titre définitif pour un an, si l'intérêt du service l'exige.

TABLEAU N° 2.

AJOURNÉS DU SERVICE COLONIAL.

---

*Intendance militaire des troupes coloniales. — Fonctionnaires
et officiers d'administration.*

DÉSIGNATION DES EMPLOIS.	DURÉE PENDANT LAQUELLE les officiers sont distraits du tour de départ colonial.	OBSERVATIONS.
A. — Fonctionnaires.		
Directeur du service de l'intendance du C. A. C.	2 ans (*a*).	(*a*) Renouvelable pour deux périodes de 1 an si l'intérêt du service l'exige.
Sous-intendant adjoint au directeur de l'intendance du C. A. C. (1)	2 ans (*b*).	(*b*) Renouvelable pour 1 an si l'intérêt du service l'exige.
Sous-intendant employé à la direction de l'intendance du C. A. C. et chargé de la mobilisation.	2 ans.	Non renouvelables.
Sous-intendant employé à l'administration centrale de la guerre ou des colonies.	2 ans (*a*).	
Fonctionnaire du grade d'adjoint employé à l'administration centrale de la guerre ou des colonies.	2 ans (*b*).	
Sous-intendant chargé d'une sous-intendance des T. C. (1)	1 an (*b*).	
Fonctionnaire de l'intendance placé dans la position H. C. pour occuper en France un emploi à la disposition du Ministre des colonies.	2 ans.	

(1) *Dispositions transitoires.* — Provisoirement les dispenses du service colonial prévues pour ces fonctions, pourront ne pas être appliquées si les besoins de la relève coloniale l'exigent.

DÉSIGNATION DES EMPLOIS.	DURÉE PENDANT LAQUELLE les officiers sont distraits du tour de départ colonial.	OBSERVATIONS.
B. — Officiers d'administration.		
Officier d'administration employé à l'administration centrale (guerre ou colonies)............	2 ans (*b*).	(*b*) Renouvelable pour 1 an si l'intérêt du service l'exige.
Officier d'administration détaché à la direction de l'intendance du C. A. C.....................	2 ans.	2 officiers d'administration seulement bénéficient de la dispense.
Officier d'administration gestionnaire d'un magasin (1).........	2 ans (*b*).	
Officier d'administration professeur à Vincennes.............	2 ans.	
Officier d'administration commandant le dépôt de la section des commis et ouvriers d'administration des troupes coloniales........................	2 ans.	Non renouvelables.

(1) *Dispositions transitoires*. — Provisoirement les dispenses du service colonial prévues pour ces fonctions, pourront ne pas être appliquées si les besoins de la relève coloniale l'exigent.

TABLEAU N° 3.

AJOURNÉS DU SERVICE COLONIAL.

Service de santé des troupes coloniales. — Officiers.

DÉSIGNATION DES EMPLOIS.	DURÉE PENDANT laquelle les officiers sont distraits du tour de service colonial.	OBSERVATIONS.
Directeur du service de santé du C. A. C...	2 ans (a).	(a) Renouvelable pendant deux périodes successives de un an, si l'intérêt du service l'exige.
Officier supérieur ou subalterne adjoint au directeur du service de santé du C. A. C.................	2 ans (b).	(b) Renouvelable pour un an. si l'intérêt du service l'exige.
Officier supérieur employé à l'administration centrale (guerre ou colonies)......................	2 ans (a).	
Officier subalterne employé à l'administration centrale (guerre ou colonies)......................	2 ans (b).	
Officier détaché à l'Institut Pasteur.	1 an (b).	
Directeur de l'Ecole d'application du service de santé des T. C....	3 ans (c).	(c) Renouvelable pendant deux périodes successives de un an (dispense prévue par le décret d'organisation de l'Ecole)
Sous-directeur, professeur, major à l'Ecole d'application..........	2 ans (a).	
Professeur adjoint à l'Ecole d'application......................	2 ans (b).	
Officier d'administration trésorier de l'Ecole d'application........	2 ans (b).	
Officier placé dans la fonction hors cadres pour occuper un emploi en France à la disposition du Ministre des colonies.............	2 ans (d).	(d) Renouvelable pendant deux périodes successives de un an (officiers supérieurs), pour un an (officiers subalternes).
Officier chargé de l'instruction et officier d'administration en service au dépôt de la section d'infirmiers à Marseille...............	1 an (b).	
Officier d'administration commandant le dépôt de la section coloniale d'infirmiers..............	2 ans.	Non renouvelables.
Officiers en service à bord du transport des condamnés...........	2 ans.	Id.

TABLEAU N° 4.

AJOURNÉS DU SERVICE COLONIAL.

Infanterie coloniale et sections annexes. — Troupe.

DÉSIGNATION DES EMPLOIS.	NOMBRE par régiment.	DURÉE de la DISPENSE.	OBSERVATIONS.
Adjudant-chef ou adjudant chargé du service de l'armement........	1	1 an.	Non renouvelable.
Adjudant-chef ou adjudant chargé du service de l'habillement......	1	1 an (a).	(a) Renouvelable un an, si l'intérêt du service l'exige. -
Adjudant-chef chargé du service du casernement...................	1	2 ans (a).	
Adjudant 1er secrétaire du trésorier.	1	2 ans (a).	
Sergent-major 2e secrétaire du trésorier	1	2 ans (a).	
Sergent { secrétaire du colonel...	1	2 ans (a).	
secrétaire du major	1	2 ans (a).	
secrétaire du trésorier..	1	2 ans (a).	
secrétaire du capitaine chargé du matériel ...	1	1 an (a).	
secrétaire du bureau de la mobilisation.......	1	2 ans (a).	
préposé au fichier de mobilisation,...........	1	1 an (a).	
préposé au fichier de position	1	1 an.	Non renouvelable.
secrétaire de l'adjudant-chef du casernement..	1	1 an (a).	
secrétaire garde-magasin de la réserve de guerre...............	1	2 ans (a).	
secrétaire chargé de la masse de chauffage et d'éclairage	1	1 an (a).	
infirmier...............	1	1 an (a).	
Caporal { secrétaire du major	1	2 ans (a).	
secrétaire du trésorier..	1	2 ans (a).	
secrétaire du service d'approvisionnement..	1	1 an (a).	
secrétaire du lieutenant adjoint à l'officier chargé du matériel.......	1	1 an (a).	
Caporal tailleur	2	1 an.	
1er { cordonnier.............	2	1 an.	
ouvrier { armurier	1	1 an.	
Sous-officiers suivant les cours de préparation aux Ecoles militaires.	»	(b).	(b) Jusqu'à la date du concours.

DÉSIGNATION DES EMPLOIS.	NOMBRE par régiment.	DURÉE de la DISPENSE.	OBSERVATIONS.
Soldat secrétaire de l'officier chargé du matériel..................	1	1 an.	
Soldats élèves { musiciens...............	»	Durée du stage (c).	(c) Jusqu'à ce qu'ils soient nommés musiciens ou qu'ils soient remis dans le rang ou désignés pour servir dans une musique coloniale suivant leur tour spécial.
Soldats élèves { infirmiers..............	»	Durée de l'instruct.	
Soldat ordonnance d'un officier général ou supérieur.............	»	(d).	(d) Accompagne l'officier aux colonies, s'il lui reste à accomplir le temps de service nécessaire.
Sous-officier détaché dans une Ecole militaire (cadre)...............	»	2 ans.	
Sergent-major comptable du dépôt des sections annexes des troupes coloniales...................	»	2 ans.	
Sergent-major 1er secrétaire du capitaine comptable des dépôts des isolés et du B. C. F. I......	»	2 ans (a).	
Sous-officiers et caporaux comptables au D. I. C. de Marseille ou ses annexes..................	»	2 ans (a).	(a) Renouvelables un an si l'intérêt du service l'exige.
Sous-officiers et caporaux secrétaires au D. I. C. de Marseille ou ses annexes..................	»	1 an.	Id.
Sous-officiers et caporaux secrétaires du B. C. F. I..............	»	S.-Off. 2 ans (a). Capor. 1 an (a).	
Sous-officiers, caporaux et soldats n'appartenant pas à la section de S. S. E. M. coloniaux detachés dans les états-majors du du C. A. C., D. I., B. I., et commandement de l'artillerie (1)....	»	18 mois.	Non renouvelables.
Sous-officier instructeur a la section de télégraphistes coloniaux.	»	1 an.	
Soldats télégraphistes et radio-télégraphistes à l'instruction....	»	Durée du stage.	
Sous-officiers de la section d'infirmiers chefs de salle à l'Ecole d'application, etc...............	5	1 an (a).	
Soldats infirmiers détachés à l'Ecole d'application (1 anatomie, 1 bactériologie, 1 chimie, 1 secrétariat, etc.)..................	5	1 an (a).	

(1) Le général commandant le corps d'armée des troupes coloniales déterminera, en les réduisant au minimum indispensable, le nombre des secrétaires qui, dans les états-majors dont il s'agit, bénéficieront de la dispense.

DÉSIGNATION DES EMPLOIS.	NOMBRE par régiment.	DURÉE de la DISPENSE.	OBSERVATIONS.
Adjudant ou sergent infirmier secrétaire à la mobilisation à la direction du service de santé......	1	2 ans.	Non renouvelables.
Sergent secrétaire à la mobilisation à la section d'infirmiers coloniaux.	1	2 ans.	Id.
Sergent ou caporal secrétaire (trésorier et habillement) de la section des infirmiers coloniaux....	»	1 an.	Non renouvelable.
Caporal ou soldat secrétaire à la direction du service de santé du C. A. C....................	»	1 an.	Id.
Sous-officier 1er secrétaire au cabinet de la direction des services militaires du ministère des colonies......................	»	1 an.	
Sous-officier secrétaire du dépôt des sections annexes des troupes coloniales....................	1	2 ans.	Id.
Elèves gradés....................	»	Durée du peloton d'instruct.	

NOTA. — Ces dispenses commenceront à compter du jour de la mise en vigueur du décret et de la présente instruction.

TABLEAU N° 5.

AJOURNÉS DU SERVICE COLONIAL.

Artillerie coloniale. — Troupe.

DÉSIGNATION DES EMPLOIS.		NOMBRE par régiment.	DURÉE de la DISPENSE.	OBSERVATIONS.
Adjudant	chargé du casernement.	1	1 an (*a*).	(*a*) Renouvelable pour un an si l'intérêt du service l'exige.
	secrétaire du trésorier..	1	2 ans (*a*).	
	chargé de l'armement et du harnachement.....	1	1 an (*a*).	
Maréchaux des logis	chargé de la bibliothèque et du matériel des écoles...............	1	1 an.	
	chargé de l'infirmerie des hommes.............	1	1 an.	
	chargé de l'infirmerie des chevaux.............	1	1 an.	
	chargé de la remonte...	1	1 an.	
	1er secrétaire du major..	1	2 ans (*a*).	
	secrétaire du trésorier..	1	2 ans (*a*).	
	garde-magasin de l'habillement...........	1	2 ans (*a*).	
	secrétaire du casernement...............	1	1 an (*a*).	
	1er secrétaire à la mobilisation.............	1	2 ans (*a*).	
	préposé au fichier de position...............	1	1 an.	Non renouvelable.
	chargé de la masse de chauffage et d'éclairage	1	1 an (*a*).	
	garde-magasin de la réserve de guerre.......	1	1 an (*a*).	
Sous-officiers	secrétaire du colonel...	1	2 ans (*a*).	
	préposé au fichier de mobilisation...........	1	1 an.	Renouvelable si l'intérêt du service l'exige.
	suivant les cours de préparation aux Ecoles militaires...........	»	(*b*).	(*b*) Jusqu'au moment du concours.
	instructeurs de pelotons d'instruction........	»	(*c*).	(*c*) Durée des cours.
Brigadiers	2e secrétaire du major..	1	1 an (*a*).	
	2e secrétaire du trésorier.	1	2 ans (*a*).	
	2e secrétaire du capitaine d'habillement........	1	1 an (*a*).	
	secrétaire de l'adjudant chargé de l'armement.	1	1 an (*a*).	
	2e secrétaire à la mobilisation..............	1	1 an (*a*).	

DÉSIGNATION DES EMPLOIS.	NOMBRE par régiment.	DURÉE de la DISPENSE.	OBSERVATIONS.
Brigadier 1er ouvrier { armurier	»	1 an.	
tailleur	»	1 an.	
bottier	»	1 an.	
sellier	»	1 an.	
Maréchal-ferrant abonnataire	»	1 an.	Non renouvelable.
Brigadiers et canonniers suivant les pelotons d'instruction	»	(d).	(d) Durée de l'instruction
Elèves { ouvriers	»	1 an.	Non renouvelable.
trompettes	»	Durée de l'instr. : 6 mois.	
infirmiers	»	(e).	(e) Durée du stage.
Adjudant détaché dans une école militaire (cadre)	»	2 ans.	
Maréchal des logis secrétaire à la mobilisation des P. D.	1	1 an.	Non renouvelable.
Maréchal des logis chargé de l'armement et du harnachement des P. D.	1	1 an.	Id.
Sous-officiers et brigadiers comptables au D. I. C. de Marseille ou ses annexes	»	1 an.	Renouvelable un an s l'intérêt du service l'exige
Sous-officiers et brigadiers secrétaires au D. I. C. de Marseille ou ses annexes	»	1 an.	Id.
Sous-officier premier secrétaire au cabinet de la direction des services militaires du ministère des colonies	»	1 an.	
Sous-officiers stagiaires comptables-finances de la section coloniale dans une chefferie du génie.	»	2 ans.	

Art. 2 de l'instruction
du 24 octobre 1919.

ÉTAT MODÈLE A.

CORPS OU SERVICE.

ÉTAT faisant connaître la situation, au point de vue du service colonial, des officiers et adjudants-chefs du corps ou service.

NOMS.	GRADES ou EMPLOIS.	DATE de DÉBARQUEMENT en France au retour de la dernière colonie, et indiquer la colonie.	EMPLOIS spéciaux déjà occupés par l'officier	EMPLOIS spéciaux qu'il est capable d'occuper.	PAYS indiqués à l'article 22 pour lesquels il est volontaire.	BREVET de langues indigènes possédé.	MOTIFS D'INDISPONIBILITÉ (s'il y a lieu).	OBSERVATIONS.

ETAT MODÈLE B.

Article 2, paragraphe *b,*
de l'instruction du 24
octobre 1919.

CORPS OU SERVICE.

(1) Rayer la mention qui ne
convient pas.

ÉTAT des officiers, adjudants-chefs ou sous-officiers (1) disponibles ou indisponibles (1)
pour le service colonial.

NOMS ET PRÉNOMS.	GRADES.	CAUSES DE L'INDISPONIBILITÉ OU DE LA DISPONIBILITÉ (1).	DURÉE PROBABLE DE L'INDISPONIBILITÉ (s'il y a lieu).	OBSERVATIONS.

ÉTAT MODÈLE C.

CORPS OU SERVICE.

ÉTAT par ordre de préférence des colonies postulées par les officiers et adjudants-chefs figurant au tableau de départ du mois de

NOMS ET PRÉNOMS.	GRADES.	COLONIES POSTULÉES PAR ORDRE DE PRÉFÉRENCE.			PAYS INDIQUÉS À L'ARTICLE 22 POUR LESQUELS l'intéressé serait volontaire.	OBSERVATIONS.
		1re colonie.	2e colonie.	3e colonie.		

ÉTAT MODÈLE D.

Article 9, paragraphe *e*),
de l'instruction du 24
octobre 1919.

Colonie ou groupe de colonies :

*ÉTAT mensuel nominatif des officiers ou adjudants-chefs rapatriables dans un delai de 3 mois,
avec indication des garnisons de préférence en France.*

NOMS ET PRÉNOMS.	GRADES.	GARNISONS DEMANDÉES PAR ORDRE DE PRÉFÉRENCE.			OBSERVATIONS.
		1re garnisòn.	2e garnison.	3e garnison.	
					a) Pour chaque colonie ou groupe de colonies il est fourni un état distinct pour : 1° L'infanterie coloniale ; 2° L'artillerie coloniale ; 3° Le service de santé ; 4° L'intendance. *b*) Fournir un état distinct pour les adjudants-chefs.

ETAT MODÈLE E¹.

Article 15, § *a*, de l'instruction du 24 octobre 1919.

COLONIE de _______________

INFANTERIE COLONIALE.

Régiment ou service.

ÉTAT NUMÉRIQUE des hommes de troupe à relever pendant le mois de _______________ (b).

DÉSIGNATION DES GRADES.	SECRÉTAIRES.	CHEFS DE FANFARE.	SOUS-CHEFS de fanfare.	CLAIRONS.	MUSICIENS (a).	ÉLÈVES-MUSICIENS (a)	TAILLEURS.	CORDONNIERS.	ARMURIERS.	INFIRMIERS.	MITRAILLEURS.	HOMMES DE TROUPE NON SPÉCIALISÉS.	OBSERVATIONS.
		MUSICIENS-CLAIRONS.											
Adjudants													(a) Indiquer les instruments.
Sergents-majors													(b) A établir pour le personnel à relever dans un délai de 6 mois, c'est-à-dire le 15 janvier pour le personnel rapatriable au mois de juillet, le 15 février pour le personnel rapatriable au mois d'août, etc.
Sergents fourriers													
Sergents................													
Caporaux fourriers........													
Caporaux................													
Élèves caporaux..........													
Soldats.................													

ÉTAT MODÈLE E^a.

COLONIE de

ARTILLERIE COLONIALE.

Régiment ou service.

ÉTAT NUMÉRIQUE des hommes de troupe à relever pendant le mois de   (a).

SPÉCIALITÉS.	ADJUDANTS.	MARÉCHAUX DES LOGIS CHEFS.	MARÉCHAUX DES LOGIS FOURRIERS.	MARÉCHAUX DES LOGIS.	BRIGADIERS FOURRIERS.	BRIGADIERS.	MAITRES POINTEURS.	CANONNIERS.	OBSERVATIONS
Comp ables..............									(a) A établir pour le personnel à relever dans un délai de 8 mois, c'est-à-dire le 15 janvier pour le personnel rapatriable au mois de juillet suivant, le 15 février pour le personnel rapatriable au mois d'août suivant. etc.
Secrétaires									
Artificiers									
Armuriers........									
Trompettes..........,.. ..									
Maréchaux ferrants									
Mécaniciens									
Ouvriers en fer..........									
Ouvriers en bois									
Maitres-pointeurs.........									
Tailleurs									
Cordonniers..............									
Selliers.................									
Radiotélégraphistes régimentaires.............									
Photo-électriciens,.......									
Non spécialisés.....									

MODÈLE F¹.

INFANTERIE.

ÉTAT MODÈLE F1.

e RÉGIMENT D'INFANTERIE COLONIALE.

Art. de l'instruction du 24 octobre 1919.

ÉTAT NUMÉRIQUE des militaires disponibles pour le service colonial à la date du   19 .

DÉSIGNATION DES GRADES.	EFFECTIF						INDISPONIBLES.										DISPO-NIBLES.		RÉPARTITION DES DISPONIBLES.					OBSERVATIONS.
	Appelés.	Engagés volontaires de 3 ans ayant contracté leur engagement — Avant 20 ans.	Engagés volontaires de 3 ans ayant contracté leur engagement — Après 20 ans.	Engagés volontaires de 4 et 5 ans.	Rengagés.	TOTAL.	En position d'absence autre qu'en permission.	Emplois spéciaux conférant une dispense provisoire.	Rentrant des colonies et n'ayant pas 6 mois de séjour en France.	Rengagés venant de la réserve et n'ayant pas 1 mois de présence au corps.	[Désignés pour le service colonial.]	Désignés pour une destination coloniale.	Ayant moins d'un an de service à accomplir.	Disponibles, mais n'ayant pas 24 ans d'âge.	Hommes dont l'instruction professionnelle n'est pas complète.	TOTAL.	Pour 2 ans et plus.	Pour au moins 1 an.	Appelés.	Engagés de 3 ans volontaires ou disponibles pour le service colonial.	Engagés de 4 et 5 ans.	Rengagés.	TOTAL.	
1	2	3	4	5	6	7	8	9	10	11	12	13	14	15	16	17	18	19	20	21	22	23	24	25
Adjudants...............																								
Sergents-majors...............																								
Sergents fourriers...............																								
Sergents...............																								
Caporaux fourriers...............																								
Caporaux...............																								dont élèves caporaux,
Clairons...............																								— élèves clairons,
Soldats...............																								— musiciens, — élèves musiciens, (Indiquer les instruments.) — tailleurs, — cordonniers, — armuriers, — conducteurs de voiture, — secrétaires, etc.
TOTAUX.......																								

A   , le   19 .

Le Chef de corps,

MODÈLE F².

ARTILLERIE.

ETAT MODÈLE F².

e RÉGIMENT D'ARTILLERIE COLONIALE.

Art. de l'instruction
du 24 octobre 1919.

ÉTAT NUMÉRIQUE des militaires disponibles pour le service colonial à la date du   19 .

DÉSIGNATION DES GRADES.	Appelés.	EFFECTIF.					En position d'absence autre qu'en permission.	Emplois spéciaux conférant une dispense provisoire.	Rentrant des colonies et n'ayant pas 6 mois de séjour en France.	[illegible]	[illegible]	Engagés de 3 ans non volontaires pour le service colonial.	Désignés pour une destination coloniale.	Ayant moins d'un an de service à accomplir.	Disponibles, mais n'ayant pas 21 ans d'âge.	TOTAL.	Pour 2 ans et plus.	Pour au moins 1 an.	Appelés.	Engagés de 3 ans volontaires ou disponibles pour le service colonial.	Engagés de 4 et 5 ans.	Rengagés.	TOTAL DES DISPONIBLES.	OBSERVATIONS (a).
		Engagés volontaires ayant contracté leur engagement Avant 20 ans.	Après 20 ans.	Engagés volontaires de 4 et 5 ans.	Rengagés.	TOTAL.																		
1	2	3	4	5	6	7	8	9	10	11	12	13	14	15	16	17	18	19	20	21	22	23	24	25
Adjudants — montés																								
Adjudants — à pied																								
Maréchaux des logis chefs — montés																								
Maréchaux des logis chefs — à pied																								
Maréchal des logis trompette																								
Sous-chefs artificiers — montés																								
Sous-chefs artificiers — à pied																								
Maréchaux des logis — montés																								
Maréchaux des logis — à pied																								
Maréchaux des logis fourriers — montés																								
Maréchaux des logis fourriers — à pied																								
Brigadiers fourriers — montés																								
Brigadiers fourriers — à pied																								
Brigadiers (a) — montés																								
Brigadiers (a) — à pied																								
Canonniers — Trompettes																								
Canonniers — Cordonniers																								
Canonniers — Tailleurs																								
Canonniers — Bourreliers																								
Canonniers — Maréchaux ferrants																								
Canonniers — Artificiers																								
Canonniers — Ouvriers en fer et bois																								
Canonniers — Conducteurs																								
Canonniers — Servants																								
TOTAUX																								

(a) Indiquer dans cette colonne les spécialistes (trompettes, maréchaux ferrants, tailleurs, cordonniers, armuriers, secrétaires, etc.).

dont élèves brigadiers et élèves trompettes.

A   , le

Le Chef de corps.

Colonies de

ÉTAT MODÈLE H1.

Corps ou service.

1° *Situation d'effectif à la date du* (1).

	OFFICIERS. (Énumération des différents grades d'officiers fonctionnaires et agents assimilés.) (1 colonne par grade.)	TOTAL DES OFFICIERS.	TROUPE. (EUROPÉENS.) (Énumération des différents grades et emplois des militaires troupe et assimilés.) (1 colonne par grade ou emploi.)	TOTAL DE LA TROUPE. (Européens.)	OFFICIERS INDIGÈNES. (Une ou plusieurs colonnes suivant les besoins.)	INDIGÈNES. (TROUPE.) (Énumération des différents grades et emplois.) (1 colonne par grade ou emploi.)	TOTAL DES INDIGÈNES. (Troupe.)	TOTAUX GÉNÉRAUX.
Effectifs des présents.........								
Effectifs des absents.........								
Effectif total.....								

2° *Tableau d'emplacement des unités à la date du* (Même date que pour la situation d'effectifs.)

Ce tableau doit mentionner, sans aucune indication numérique d'effectif, les emplacements de l'état-major du régiment, de l'unité hors rang, des états-majors des bataillons, des centres des compagnies, des détachements de chaque compagnie, des compagnies et sections de mitrailleuses, des pelotons de 37, des sections d'artillerie dans les régiments d'infanterie, des unités méharistes, etc., etc.

, le

(1) Cette situation est établie à la date du 1er de chaque mois par tous les corps et services qui fournissent actuellement la situation modèle H. Cette dernière est supprimée.

Le Colonel X   , *commandant le*

(Signature.)

Circulaire relative aux obligations de service colonial des sous-officiers commissionnés des troupes coloniales (1).

(Direction des Troupes coloniales ; Bureau du Personnel
de l'Infanterie coloniale.)

Paris, le 26 mars 1904.

Les restrictions qui avaient été apportées à la délivrance des commissions de sous-officiers à l'effet de limiter le temps pendant lequel ils pouvaient rester au service ont été levées par la circulaire du 2 décembre 1903.

Mais le maintien au service des sous-officiers des troupes coloniales implique pour ceux-ci l'obligation absolue de concourir *à leur tour de départ* aux charges du service colonial.

En conséquence, les sous-officiers commissionnés des troupes coloniales qui, pour des raisons quelconques, ne croiront pas devoir suivre leur destination coloniale, seront considérés comme renonçant au bénéfice de la commission et devront être invités à quitter le service, en conservant seulement la faculté de rester au corps jusqu'à ce qu'ils acquièrent les droits voulus pour la retraite de leur grade, ou qu'ils reçoivent la notification de leur classement à l'emploi civil qu'ils ont sollicité.

Cette dernière restriction ne s'applique pas toutefois aux emplois pour lesquels le classement n'est acquis qu'après plusieurs années d'attente au delà de quinze ans, à moins que dans l'intervalle les intéressés n'aillent servir aux colonies.

Les sous-officiers qui auront demandé à être rayés des contrôles à une date déterminée seront invités à faire leur demande de retraite deux mois au moins avant leur libération, afin que la notification de la pension de retraite puisse être faite vers cette époque ou peu de temps après.

Conformément aux prescriptions de l'article 14 du décret du 30 décembre 1903, le tour de départ colonial pourra être avancé sur leur demande pour les sous-officiers sur le point de prendre leur retraite après quinze ans de service, qui commissionnent pour être envoyés dans une colonie déterminée, où ils doivent se retirer. Les offres de démission des sous-officiers ne seront acceptées qu'après qu'ils auront accompli le temps réglementaire de séjour dans la colonie de leur choix.

Toutes les dispositions qui précèdent s'appliquent aussi aux sous-officiers commissionnés des régiments étrangers.

---

(1) Mise à jour par l'incorporation dans le texte des modifications qui y ont été apportées par la notification du 22 août 1904.

Instruction réglant les dates de départ de France des détachements de relève pour l'Indo-Chine, l'Afrique occidentale française et Madagascar (1).

(Direction des Troupes coloniales ; Bureau technique.)

Paris, le 10 juin 1904.

Conformément à l'article 31 de l'instruction du 30 mai 1904 sur l'application du décret du 30 décembre 1903, relatif au tour de service colonial des militaires des troupes coloniales, les dispositions suivantes seront prises pour l'envoi de France des détachements de relève importants pour l'Indo-Chine. l'Afrique occidentale et Madagascar.

I. — INDO-CHINE.

Les détachements de relève seront envoyés en Indo-Chine par les transports quittant Marseille entre le 1er octobre inclus et le 1er février inclus. Les détachements qu'il eût été nécessaire d'envoyer entre le 1er mars et le 1er septembre, pour tenir au complet budgétaire les corps de l'Indo-Chine seront, selon leur importance, embarqués en totalité sur le vapeur quittant Marseille le 1er octobre ou répartis sur les vapeurs suivants.

II. — AFRIQUE OCCIDENTALE.

a) TERRITOIRES DE LA SÉNÉGAMBIE-NIGER, 1er ET 2e TERRITOIRES MILITAIRES.

La relève sera exclusivement envoyée par les paquebots des Messageries maritimes.

Celle des rapatriables du 1er avril au 15 juin sera envoyée par le paquebot quittant Bordeaux dans la 2e quinzaine de juillet.

Celle des autres rapatriables sera faite en deux échelons :

1er échelon. — Départ par le premier paquebot de la première quinzaine de septembre;

____

(1) Mise à jour par l'incorporation dans le texte de la modification en date du 4 décembre 1907.

2ᵉ échelon. — Départ par le premier paquebot de la première quinzaine d'octobre.

b) CÔTE D'IVOIRE.

La relève sera envoyée par les paquebots de la compagnie Fraissinet quittant Marseille le 5 de chaque mois.

1ᵉʳ échelon. — Départ de Marseille le 5 octobre (relève des rapatriables dans le courant des 3ᵉ et 4ᵉ trimestres de l'année).

2ᵉ échelon. — Départ de Marseille le 5 décembre (relève des rapatriables dans le courant du 1ᵉʳ trimestre de l'année suivante).

3ᵉ échelon. — Départ de Marseille le 5 mars (relève des rapatriables dans le courant du 2ᵉ trimestre).

c) BAS-SÉNÉGAL, GUINÉE, DAHOMEY, 3ᵉ TERRITOIRE MILITAIRE.

1ᵉʳ échelon. — Départ de France dans la première quinzaine d'octobre (relève des rapatriables des 3ᵉ et 4ᵉ trimestres).

2ᵉ échelon. — Départ de France dans la première quinzaine de décembre (relève des rapatriables du 1ᵉʳ trimestre suivant).

3ᵉ échelon. — Départ de France dans la première quinzaine de mars (relève des rapatriables du 2ᵉ trimestre).

III. — MADAGASCAR.

La relève des troupes de Madagascar sera suspendue du 25 février au 10 juin inclusivement. Les détachements qui auraient dû être envoyés pendant cette période pour maintenir au complet l'effectif budgétaire des corps ne seront dirigés sur Madagascar que par les paquebots du 10 juin et suivants.

Pour toutes les colonies précitées, le premier départ suivant la période pendant laquelle les envois de personnel ont été suspendus comprendra toujours les remplacants des militaires signalés rapatriés par anticipation pendant cette même période.

*Instruction relative aux désignations et à l'embarquement
pour les colonies des militaires des troupes coloniales* (1).

(Direction des Troupes coloniales ; Bureau technique.)

Paris, le 21 octobre 1904.

Désignations coloniales.

Art. 1er. La désignation du personnel à envoyer aux colonies
est faite conformément au décret du 30 décembre 1903 sur
le tour de service colonial et à l'instruction du 30 mai 1904
sur l'application de ce décret.

Officiers. — Les désignations des officiers sont notifiées aux
corps et services et aux intéressés par l'insertion au *Journal
officiel.*

Sous-officiers. — Les désignations des sous-officiers sont
faites par dépêche ministérielle adressée au général commandant le corps d'armée des troupes coloniales et communiquée
en même temps aux différents corps ou services.

Caporaux, brigadiers et soldats. — Les désignations des
caporaux, brigadiers et soldats sont faites dans les corps,
conformément aux instructions envoyées chaque fois par le
Ministre.

Toute désignation coloniale est accompagnée de l'indication
de la date d'embarquement.

Le général commandant le corps d'armée des troupes coloniales adresse au commandant du dépôt des isolés à Marseille, et, quand il y a lieu, aux commandants des annexes
de Bordeaux et de Saint-Nazaire, copie des dépêches ministérielles prescrivant l'envoi de détachements ou d'isolés aux
colonies.

Enfin, pour toutes les désignations de personnel, le Ministre
de la guerre informe les commandants supérieurs des troupes
aux colonies de celles qui les concernent, et il avise en même
temps le Ministre des colonies qui, de son côté, donne les
ordres nécessaires pour l'embarquement au chef du service
colonial du port intéressé.

Les changements qui peuvent être apportés aux désignations déjà faites doivent donner lieu au même échange de
communications que les désignations elles-mêmes.

---

(1) Modifiée le 5 décembre 1908.

Etats de filiation.

Art. 2. Les corps établissent, pour les militaires à destination d'outre-mer, les états de filiation prévus par les articles 15 et 16 de l'instruction du 1er mai 1897 pour l'exécution des transports de la guerre par navires de commerce (É. M., vol. n° 101, p. 13) et par l'article 4 de l'instruction du 1er novembre 1907 pour les commandants des troupes passagères de toutes armes (B. O., p. 1723).

Ils se conforment en outre aux dispositions suivantes :

Il n'est établi qu'un seul modèle d'état de filiation : le modèle numéroté 3, annexé à l'instruction précitée du 1er mai 1897 (É. M., vol. n° 101, p. 45). Il y est toutefois ajouté une septième colonne portant la rubrique « Observations ».

L'état de filiation est tiré à sept exemplaires par l'un des procédés de reproduction (typographie, lithographie, polycopie, etc...) en usage dans les corps de troupes, les colonnes 5 et 6 n'étant obligatoirement remplies que pour l'exemplaire destiné au capitaine du navire transporteur.

Il est établi des états de filiation distincts par colonie et, le cas échéant, par port de débarquement s'il s'agit d'une même colonie.

Ces états sont collectifs pour les militaires (officiers compris) prenant passage sur un même navire et ayant une destination et un port de débarquement communs.

Les états de filiation sont établis dès que les désignations nominatives ont été faites; ils sont répartis comme suit :

1 pour le sous-intendant du port d'embarquement :
2 pour le commandant du dépôt des isolés :
1 pour le chef du service colonial ;
1 pour le capitaine du navire :
1 pour le commandant des troupes à bord :
1 pour le sous-intendant du port de débarquement.

Total.... 7

Les quatre derniers exemplaires sont envoyés ensemble au chef du service colonial, qui assure la transmission des trois expéditions destinées au capitaine du navire, au commandant des troupes à bord, et au sous-intendant du port de débarquement.

S'il s'agit de militaires embarqués pour une destination outre-mer, autre que les colonies ou pays de protectorat, l'exemplaire destiné au chef du service colonial est supprimé : il est adressé quatre exemplaires au sous-intendant du port d'embarquement, qui effectue la transmission dont il vient d'être parlé au paragraphe précédent, le dépôt des isolés recevant toujours directement les deux exemplaires qui lui reviennent.

Chaque corps, en mettant un détachement en route, remet au chef de détachement un état spécial en deux expéditions, dit « état de filiation rectificatif », de même modèle que les précédents, divisé en deux parties et comprenant les renseignements suivants :

1re PARTIE. — La liste des militaires qui, bien qu'ayant été compris sur les états de filiation établis et envoyés comme il a été dit ci-dessus, ne suivront pas leur destination.

2e PARTIE. — La liste des militaires qui ont été désignés après l'établissement des états de filiation et qui, par suite, n'ont pas été portés sur ces états. Pour cette deuxième partie, les colonnes 5 et 6 sont obligatoirement remplies.

Les deux expéditions de l'état de filiation rectificatif sont remises par le chef de détachement, dès son arrivée, l'une au commandant du dépôt des isolés qui en notifié le contenu au sous-intendant du port d'embarquement, l'autre au chef du service colonial qui met à jour les quatre exemplaires de l'état de filiation qu'il a précédemment reçus.

Après l'embarquement, le dépôt des isolés renvoie aux corps d'origine l'un des deux états de filiation qui lui ont été adressés, après avoir indiqué, dans la colonne « Observations », la date de l'embarquement pour les hommes embarqués, ou les raisons pour lesquelles certains militaires n'auraient pu suivre leur destination coloniale.

Mise en route et transport des détachements et des isolés en chemin de fer.

Art. 3. Les détachements et les isolés sont mis en route de façon à arriver au port d'embarquement la veille du jour fixé pour le départ du bateau.

Toutefois, les détachements envoyés de Toulon et d'Hyères à Marseille peuvent, si le départ du bateau doit avoir lieu dans l'après-midi, n'arriver que dans la matinée du jour de l'embarquement.

Les cadres de conduite sont désignés par le chef de corps et proportionnés à la force du détachement. Il y aura au moins un caporal par 12 hommes, un sous-officier par 25 hommes, un lieutenant ou sous-lieutenant par 50 hommes et un capitaine par 150 hommes.

Les militaires qui sont autorisés à se rendre directement au port d'embarquement doivent avoir rejoint le détachement dont ils font partie avant que celui-ci quitte son casernement pour se rendre à bord.

Les hommes dirigés sur le port d'embarquement sont toujours alignés en vivres, y compris le pain de repas, par les soins de leur corps jusqu'à la veille du jour de l'embarquement inclusivement.

Le transport des détachements et des isolés est assuré conformément au décret du 4 juin 1902, relatif aux transports militaires ordinaires par chemin de fer.

Le commandant du dépôt des isolés ou de l'annexe est, d'après les dispositions de ce décret, avisé par l'autorité territoriale dont il dépend de l'arrivée des détachements; mais il doit aussi en être informé par les chefs de corps, qui lui font connaître en même temps le poids des bagages accompagnant le détachement. Ils l'avisent en outre de l'arrivée des isolés.

Selon leur importance, les détachements sont attendus à la gare d'arrivée par un officier, un sous-officier ou caporal du dépôt des isolés ou de l'annexe.

Le commandant du dépôt ou de l'annexe doit rendre compte par télégramme au Ministre de la guerre (8° Direction ; Bureaux des Personnels) de la non-arrivée des détachements attendus ainsi que des hommes manquant dans les détachements arrivés.

Rôle du dépôt des isolés et de ses annexes avant l'embarquement.

Art. 4. *Dépôt des isolés.* — Le commandant du dépôt des isolés de Marseille assure la discipline et le couchage des détachements passagers.

Pour la nourriture, les chefs de corps doivent, en même temps qu'ils l'avertissent de l'arrivée des détachements, informer le commandant du dépôt des isolés s'il aura à leur fournir pour la journée de l'arrivée un ou deux repas sur l'ordinaire. Ces repas sont remboursés soit par les hommes, soit par les chefs de détachements à qui a été remis l'argent nécessaire.

Le jour du départ, on observera, pour la nourriture, les dispositions suivantes :

En principe, les détachements ou militaires isolés devront être embarqués avant le repas du matin, toutes les fois que les chartes-parties ou cahiers des charges obligeront les compagnies de navigation à recevoir les militaires à bord dès le matin du départ, quelle que soit l'heure de l'appareillage du bâtiment:

Lorsque les hommes n'auront pu être embarqués avant le repas du matin, ils recevront pour cette journée, en dehors de la solde proprement dite (solde de traversée payable par le corps destinataire au compte du budget colonial) :

La demi-indemnité de viande;

La demi-ration de pain;

La ration qui leur est normalement attribuée en sucre et café.

Ces allocations seront perçues au titre des corps auxquels appartenaient les militaires avant leur embarquement. Ceux-ci seront nourris à l'ordinaire du dépôt des isolés, qui se fera rembourser les sommes lui revenant, non plus sur la solde de traversée des militaires exempte de toute retenue, mais au moyen d'un état spécial imputable au service des vivres.

Dans le cas où le départ du bateau serait retardé, les vivres pour les détachements et les isolés sont perçus par le dépôt sur bons imputables aux corps auxquels appartenaient les intéressés. Les hommes de troupe sont nourris à l'ordinaire. Dans ce cas, le dépôt leur paye la solde comme avances au titre des différents corps.

Annexes de Bordeaux et de Saint-Nazaire. — La discipline et le logement des isolés et des détachements embarquant à Bordeaux et à Saint-Nazaire sont assurés conformément aux ordres des généraux commandant les 18e et 11e corps d'armée.

Les passagers seront nourris par les annexes d'après les mêmes dispositions qu'au dépôt des isolés, si ces militaires peuvent vivre à l'ordinaire de l'annexe.

Dans le cas contraire, les généraux commandant les 11e et 18e corps fixeront les conditions dans lesquelles ils seront nourris en s'inspirant des dispositions en question ou autoriseront le payement de l'indemnité journalière prévue par le règlement sur les frais de route, à l'exclusion de toute autre perception.

Opérations administratives précédant l'embarquement.

Art. 5. L'heure du départ des bateaux est publiée par les soins des compagnies de navigation. Si c'est nécessaire, elle est communiquée par le sous-intendant des troupes coloniales du port d'embarquement aux commandants du dépôt des isolés ou des annexes, ainsi qu'aux commandants de détachements et aux isolés lorsqu'ils se présentent à son bureau.

Le chef du service colonial avise aussitôt le commandant du dépôt des isolés ou de l'annexe, qui en rend compte télégraphiquement au Ministre de la guerre (8e Direction, Bureaux des Personnels), des changements survenant dans les dates et heures de départ des divers paquebots ou affrétés.

Les chefs de détachement et les isolés sont munis, par les soins de leur corps, d'un ordre de route et d'un ordre d'embarquement.

Ils se présentent, dès leur arrivée, au commandant du dépôt des isolés ou de l'annexe, et, en outre, selon le cas, au chef du service colonial s'ils sont envoyés dans les colonies ou pays de protectorat, ou au sous-intendant militaire du port d'embarquement s'ils ont une autre destination.

Les chefs de détachement font connaître aux autorités sus-visées les modifications qui auraient pu survenir en cours de route dans la compos'tion de leur troupe.

Embarquement des troupes.

Art. 6. Hors le cas où ils doivent prendre à bord le repas du matin, les détachements et isolés doivent être embarqués au moins deux heures avant le départ du bateau.

Selon leur importance, les détachements sont accompagnés à bord par un officier, un sous-officier ou un caporal du dépôt des isolés ou de l'annexe.

Les hommes de troupe isolés sont conduits à bord après avoir été, suivant le cas, soit joints aux détachements, soit groupés sous le commandement d'un gradé du dépôt des isolés. L'appel du personnel embarqué est fait avant le départ par le commissaire chargé de l'embarquement au moyen de l'état de filiation; un délégué du commandant du dépôt des isolés y assiste.

Comptes rendus d'embarquement.

Art. 7. Après chaque départ pour les colonies, le comman-dant du dépôt des isolés ou de l'annexe et le sous-intendant chef du service administratif des troupes coloniales du port d'em-barquement adressent au Ministre de la guerre (8ᵉ Direc-tion, Bureaux des Personnels), chacun pour les militaires dont il a l'administration (voir l'annexe M, article 1ᵉʳ du règlement provisoire du 6 décembre 1903 sur l'administra-tion, la comptabilité et l'habillement des corps des troupes coloniales), un bulletin individuel d'embarquement pour cha-que officier et une liste par arme, nominative pour les sous-officiers, numérique pour les caporaux, brigadiers et soldats, des hommes de troupe embarqués.

Circulaire relative à la durée du séjour colonial des militaires provenant des équipages de la flotte, qui ont déjà été em-barqués sur des bâtiments de l'Etat aux colonies.

(Direction des Troupes coloniales ; Bureau technique.)

Paris, le 3 décembre 1904.

Une circulaire du Ministre de la marine, en date du 19 no-vembre 1904 et insérée au *Journal officiel* du 23 du même mois, a rendu applicables aux contrôleurs d'armes et aux armuriers de la marine les dispositions du décret du 30 décembre 1903, relatif au tour de service colonial.

J'ai décidé, de mon côté, après entente avec le Ministre des colonies, qu'à l'avenir tous les militaires des troupes coloniales ayant déjà servi aux colonies, comme marins embarqués à bord d'un bâtiment de l'Etat, seront considérés comme ayant accompli un premier séjour colonial et bénéficieront aussi des dispositions des articles 15 et 26 du décret précité.

Circulaire relative à l'application, aux colonies, de l'article 47 de la loi du 15 juillet 1889 et des articles 314 (Infanterie), 305 (Cavalerie) et 332 (Artillerie) du décret du 20 octobre 1892 sur le service intérieur des corps de troupes.

(Direction des Troupes coloniales ; Bureau technique.)

Paris, le 11 janvier 1905.

La circulaire du 13 août 1904 a fixé les règles d'application des prescriptions de l'article 47 de la loi du 15 juillet 1889 sur le recrutement de l'armée et des articles 314 (Infanterie), 305 (Cavalerie) et 332 (Artillerie) du décret du 20 octobre 1892 sur le service intérieur des corps de troupes, concernant le maintien au corps des militaires punis de prison.

Les militaires en service aux colonies ne peuvent échapper à ce mode de répression ; mais il n'implique pas, en ce qui les concerne, une augmentation de la durée du séjour colonial.

Si donc des militaires libérables en service aux colonies sont sous le coup des dispositions précitées, leur embarquement ne doit subir de ce fait aucun retard ; c'est en France qu'ils feront le temps de service supplémentaire que comporte leur cas.

Circulaire relative à la relève du personnel de l'artillerie coloniale en service aux colonies.

(Direction des Troupes coloniales ; Bureau technique.)

Paris, le 20 mars 1906.

La circulaire du 6 octobre 1903 (*B. O.*, p. r., p. 1500), relative à la relève et à la tenue de la matricule du personnel de l'artillerie coloniale en service aux colonies, est abrogée.

La relève du personnel de l'artillerie coloniale sera assurée, à l'avenir, simultanément par les trois régiments métropolitains, pour toutes les colonies indistinctement. Cependant les hommes ne seront envoyés une seconde fois dans une colonie réputée malsaine, ou peu avantageuse, que sur leur demande ou en cas de nécessité absolue.

En ce qui concerne la tenue de la matricule, on s'en référera aux dispositions de la notification du 31 octobre de la même année (*B. O.*, P. R., p. 1550).

Circulaire relative à la permutation du tour de rentrée en France des officiers, sous-officiers et assimilés des troupes coloniales en service aux colonies.

(Direction des Troupes coloniales ; Bureau technique.)

Paris, le 21 mars 1906.

Aux termes des articles 10 et 18 du décret du 30 décembre 1903 réglant le tour de service colonial des militaires des troupes coloniales, les officiers, sous-officiers et assimilés en service aux colonies peuvent « permuter de tour de rentrée en France avec des militaires ou agents, du même grade ou du même service, servant dans la même colonie et y ayant effectué au moins les deux tiers du séjour réglementaire ».

L'application de ces dispositions ayant fait ressortir des incertitudes dans la manière dont il convenait de les interpréter, il a paru nécessaire de déterminer plus nettement la doctrine à retenir.

Les officiers, sous-officiers et assimilés en service aux colonies pourront, à l'avenir, être autorisés à permuter de tour de rentrée en France dans les conditions de l'article 10 précité.

Les copermutants ne prendront pas chacun la date normale de rapatriement de l'autre. Mais celui d'entre eux qui consentira à prolonger son temps de séjour devra accomplir dans la colonie, en sus de son séjour normal, le temps que son copermutant devrait encore y accomplir régulièrement. Par exemple : X, rapatriable normalement le 1er avril, désire rentrer en France, le 1er janvier, c'est-à-dire trois mois plus tôt. Son copermutant Y devra être rapatrié trois mois plus tard qu'il n'aurait dû l'être normalement. S'il devait être normalement rapatrié le 1er avril, par exemple, il ne le sera que le 1er juillet.

Celui qui demande à prolonger son séjour devra être dans la dernière année de ce séjour au moment où il fera sa demande.

L'autorisation de permuter sera accordée, dans chaque colonie, par le commandant supérieur des troupes.

Le même officier, sous-officier ou assimilé pourra, durant le même séjour aux colonies, présenter une deuxième demande de permutation de tour de rentrée, en vue de le prolonger encore. Cette demande sera soumise : 1° à la décision du commandant supérieur des troupes si le séjour total, y compris les deux périodes en supplément, ne dépasse pas d'une année le séjour régulier ; 2° à la décision du Ministre dans le cas contraire. Dans tous les cas, les commandants supérieurs des troupes rendront compte des permutations accordées ainsi que le prescrit l'article 10 précité.

Conformément aux dispositions de l'article 11 du même décret, les officiers, sous-officiers ou assimilés qui demanderont à permuter pour retarder leur retour en France devront, à l'appui de leur demande, fournir un certificat médical constatant que leur état de santé leur permet cette prolongation de séjour.

Circulaire relative aux dispenses de service colonial pour raisons de santé.

(Direction des Troupes coloniales ; Bureau technique.)

Paris, le 8 octobre 1906.

Le décret du 30 décembre 1903, réglant le tour de service colonial des militaires des troupes coloniales, stipule en son article 12 que les officiers et agents qui ne peuvent pas suivre leur destination pour cause de santé pourront être distraits de la liste de départ pour une période de trois mois. Il ajoute que cette dispense est renouvelable « sans jamais pouvoir dépasser quatre périodes de trois mois ». Les officiers et agents qui, la quatrième période expirée, ne sont pas en état de servir aux colonies, doivent être proposés pour la non-activité à titre d'infirmités temporaires.

Le décret précité ne spécifie pas que ces quatre périodes de trois mois doivent être consécutives.

Certains officiers ont cru pouvoir espacer ces dispenses en bénéficiant dans l'intervalle d'un congé pour les eaux, et leur maintien en France a pu ainsi se trouver prolongé bien au delà d'une période de douze mois.

Cette interprétation des termes du décret du 30 décembre 1903 est abusive. L'article 12 doit être compris comme limitant à une durée maxima d'un an, après leur désignation pour les colonies, la faculté accordée aux officiers malades de demeurer en France dans la position d'activité.

En conséquence, le renouvellement d'une période de dispense devra être demandé avant la fin de cette période; la période renouvelée datera au lendemain du terme de la précédente.

Circulaire relative au rapatriement des militaires qui ont devancé l'appel de leur classe pour entrer dans les troupes coloniales.

Paris, le 23 janvier 1907.

Aux termes de l'article 8 du décret du 25 août 1905, les jeunes gens portés sur les tableaux de recensement sont admis, du 15 janvier au 1er avril, à contracter des engagements valables jusqu'à la libération de leur classe pour entrer dans les troupes coloniales.

En vue de procurer à ces troupes les ressources en hommes nécessaires à la relève, les jeunes gens précités, appartenant aux classes 1906 et ultérieures, seront inscrits en tête des listes de départ pour les colonies dès qu'ils auront atteint vingt et un ans révolus et quatre mois de présence sous les drapeaux.

Ils seront rapatriés, ainsi que les militaires de la même catégorie appartenant à la classe 1905, de manière à arriver en France au moins deux mois avant la libération de leur classe, pour y jouir d'un congé de convalescence.

Circulaire prescrivant que les militaires commissionnés des troupes coloniales rapatriés par anticipation pour occuper un emploi civil doivent offrir leur démission préalablement à leur embarquement pour la France.

(Direction des Troupes coloniales et Cabinet du Ministre;
Bureau de l'Infanterie coloniale.)

Paris, le 27 octobre 1908.

Le Ministre de la guerre à MM. les Commandants supérieurs
des troupes aux colonies.

Les militaires des troupes coloniales, classés pour un emploi réservé par la loi du 21 mars 1905, doivent, s'ils sont nommés à cet emploi et s'ils acceptent cette nomination, être rapatriés des colonies avant l'accomplissement d'une période réglementaire de séjour, pour prendre possession de cet emploi.

Or, il est arrivé que certains de ces militaires ont sollicité, après leur rentrée en France, un sursis d'installation auprès de l'administration au service de laquelle ils doivent entrer, et ont demandé à être maintenus en activité pendant ce délai.

S'il est équitable que les militaires ainsi rapatriés par anticipation puissent bénéficier, à leur arrivée en France, d'un certain délai avant de prendre possession de leur emploi, il serait abusif que, en cas d'obtention de sursis d'installation prolongés, la solde d'activité leur fût conservée pendant ce temps, leur rapatriement, après un séjour colonial, parfois très réduit, n'ayant été autorisé que pour leur permettre d'occuper immédiatement l'emploi concédé.

Afin de remédier aux abus qui pourraient ainsi se produire, il y aura lieu d'inviter les militaires dont il conviendrait de prescrire le rapatriement, en raison de leur nomination à un emploi civil, à demander, par écrit, la résiliation de leur commission pour compter, soit du jour de l'installation, soit du trentième jour au plus tard après leur débarquement en France, si leur installation n'est pas intervenue avant ce délai.

Cette formalité devra être exigée avant l'embarquement des militaires en cause, et l'offre de démission qu'ils auront ainsi formulée devra être adressée, par le courrier même qui les rapatrie, au commandant du dépôt des isolés coloniaux de Marseille.

G. Picquart.

Circulaire relative à la notification par câblogramme
des décès survenant aux colonies.

(Direction des Troupes coloniales; Bureau technique.)

Paris, le 20 décembre 1909.

Les dispositions des articles 19 et 26 de l'instruction du 30 mai 1904 sur le tour de service colonial relatives à l'envoi des câblogrammes signalant des décès de militaires en service outre-mer semblent avoir été perdues de vue dans certaines colonies, notamment en ce qui concerne l'indication du domicile de la famille du décédé.

Il est rappelé que ces câblogrammes doivent contenir les

indications suivantes : Nom, prénoms, matricule, grade, corps (désigné brièvement sous la forme : 9ᵉ colonial, 3ᵉ tonkinois, 5ᵉ artillerie coloniale), lieu, date et cause du décès, nom et adresse du parent à prévenir.

Exemple :

« Dupont, Charles, 24 I. C. 4215, soldat 9ᵉ colonial ; décédé Hanoï, 15 novembre, hépatite. Dupont père, 75, rue Richelieu, Paris. »

Circulaire relative au décompte du séjour colonial des militaires obtenant pour affaires personnelles des congés à passer dans la colonie où ils sont en service.

Paris, le 4 janvier 1910.

La question s'est posée de savoir comment doit être décompté le service colonial des officiers ayant obtenu pour affaires personnelles des congés à passer dans la colonie où ils sont en service.

Dans ce cas, le temps passé dans la position de congé doit être considéré comme interrupteur du séjour colonial réglementaire.

Circulaire au sujet des sous-officiers commissionnés des troupes coloniales inaptes au service colonial.

(Direction des Troupes coloniales; Bureau technique.)

Paris, le 12 avril 1910.

L'article 8 du décret du 8 novembre 1903 portant règlement d'administration publique sur les conseils d'enquête des sous-officiers rengagés ou commissionnés dispose que « peuvent être envoyés devant un conseil d'enquête pour cause d'aptitude physique insuffisante les sous-officiers commissionnés ayant au moins quinze ans de services ».

L'aptitude physique au service militaire s'entend de l'ensemble des facultés reconnues nécessaires pour satisfaire à toutes les obligations imposées par les règlements militaires.

Or, parmi ces obligations, la plus importante, pour les troupes coloniales, est le service colonial. Elle est imposée par la loi du 7 juillet 1900 qui a créé ces troupes, en principe, pour le service aux colonies, et par le décret du 30 décembre 1903 qui a défini, pour chaque grade ou emploi, les règles d'après lesquelles les charges du service colonial doivent être réparties sur l'ensemble des titulaires du grade ou de l'emploi.

Il en résulte que les sous-officiers des troupes coloniales devenus incapables de remplir cette obligation essentielle ne sauraient être considérés comme possédant une aptitude physique suffisante pour être maintenus dans les cadres de l'activité, même s'il était établi qu'ils sont encore susceptibles de faire un bon service en France.

Telles sont les considérations dont il convient de s'inspirer pour se prononcer, en ce qui concerne les troupes coloniales, sur l'insuffisance d'aptitude physique visée par le dernier alinéa de l'article 8 du décret du 8 novembre 1903 précité.

Circulaire relative aux militaires des troupes coloniales, en service aux colonies, qui seraient dans le cas d'être rapatriés, pour cause de libération, avant l'expiration du temps de séjour normal.

(Direction des Troupes coloniales; Bureau du Personnel de l'Infanterie coloniale.)

Paris, le 17 novembre 1910.

Il est arrivé à plusieurs reprises que des militaires des troupes coloniales, envoyés aux colonies dans l'année qui précédait celle au cours de laquelle ils devaient avoir droit à leur retraite proportionnelle, ont été, à la suite du refus ultérieur des conseils de régiment de les commissionner, rapatriés avant d'avoir accompli le séjour réglementaire.

Or la plupart des militaires rapatriés par anticipation dans ces conditions se mettent, après leur rentrée en France, en instance d'emploi civil et sollicitent la délivrance de commissions, par application des articles 72 et 74 de la loi du 21 mars 1905, en vertu desquels ils sont ensuite maintenus à l'effectif au delà de l'expiration de leur rengagement pendant un laps de temps qui leur aurait permis d'achever leur séjour colonial réglementaire.

Il convient, par suite, de ne considérer comme libérables les militaires atteignant, au cours d'un séjour colonial, l'expiration de leur rengagement les conduisant à quinze ans de services qu'autant qu'ils ne doivent pas être, au titre de l'activité, candidats à un emploi réservé.

Avant de donner l'ordre de rapatrier par anticipation les militaires devant prochainement atteindre quinze ans de services, l'autorité locale aura à l'avenir à inviter les intéressés à faire connaître, par une déclaration écrite, s'ils entendent ou non solliciter, avant leur libération, un des emplois réservés indiqués dans les tableaux E, F, G, de la loi du 21 mars 1905, et être, par suite, considérés comme commissionnés dans les conditions de l'article 74 de la loi.

Ceux de ces militaires qui seraient candidats à l'un desdits emplois devront être mis en demeure de formuler immédiatement une demande régulière, afin de permettre l'établissement du dossier réglementaire. Leur qualité de commissionné dans les conditions de l'article 74 les plaçant dans une position régulière, ils pourront être maintenus dans la colonie, pour y continuer leur séjour réglementaire, pendant les délais nécessaires à leur inscription sur les listes de classement et à leur nomination.

Ceux qui, au contraire, auront fait connaître qu'ils ne sont pas candidats au titre de l'activité, auront à établir une demande régulière d'admission à la retraite sur le vu de laquelle ils pourront être rapatriés par anticipation en temps utile pour débarquer en France avant la date de leur libération.

L'autorité locale devra d'ailleurs faire toutes diligences pour l'établissement sur place du mémoire de liquidation de pension. lequel devra être adressé directement à l'administration centrale (Bureau des Pensions).

Circulaire au sujet des officiers des troupes coloniales rapatriés par voie anormale (1).

Paris, le 22 janvier 1913.

En vue de faciliter la tenue des renseignements matriculaires concernant les officiers des troupes coloniales rentrant des colonies par une voie anormale, il a paru nécessaire de préciser les règles suivantes au sujet des rapatriements dont il s'agit (application de la circulaire du 10 juin 1901, vol. 66[1], p. 182).

Les officiers servant outre-mer peuvent être autorisés par le commandant supérieur des troupes, à l'expiration de leur séjour réglementaire et seulement si leur état de santé le permet, soit à rentrer en France par une voie anormale, soit à quitter, à un point déterminé, l'itinéraire normal de retour.

Ces officiers sont considérés comme quittant la colonie et

---

(1) Modifiée le 6 décembre 1913.

comme débarquant en France par le paquebot qu'ils auraient dû prendre normalement pour être rapatriés et aux dates fixées pour le départ et l'arrivée dudit paquebot par l'horaire officiel de la compagnie de navigation; le droit à la solde coloniale cesse du jour du départ ainsi fixé, et c'est d'après la date d'arrivée indiquée par ledit horaire que la campagne sera arrêtée, que l'inscription sur la liste de service colonial sera faite, que le congé accordé en France commencera à courir, ainsi que la solde qui lui est afférente.

Toutefois, en cas de mise en route après l'expiration de la période réglementaire de séjour, mais avant la date de départ du paquebot sur lequel l'intéressé aurait dû s'embarquer, la solde coloniale cesse d'être allouée du jour réel du départ.

Pour chaque officier rapatrié par une voie anormale, le commandant supérieur des troupes établit un compte rendu, mentionnant les renseignements nécessaires, en deux expéditions, dont l'une est adressée au Ministre de la guerre (8e Direction; Bureau de l'Arme), la deuxième au commandant du dépôt des isolés de Marseille; ce compte rendu porte, autant que possible, l'adresse des officiers en France; d'autre part, la date d'arrivée du paquebot, telle qu'elle est fixée par l'horaire susvisé, est inscrite sur l'autorisation de voyage remise à l'officier.

Les prescriptions ci-dessus s'appliquent également aux officiers qui, à l'expiration de leur séjour réglementaire, obtiennent un congé à passer aux colonies ou à l'étranger.

———— — ————

Instruction interministérielle sur le service des militaires indigènes coloniaux hors de leur colonie d'origine (1).

(Direction des Troupes coloniales; Bureau technique.)

Paris, le 21 février 1922.

TITRE Ier.

OBLIGATION DU SERVICE EXTÉRIEUR.

Article 1er. Tous les militaires indigènes, appelés ou liés par contrat, peuvent, en toutes circonstances, être désignés pour

____

(1) Modifiée le 25 juillet 1922.

continuer leurs services hors de leur colonie d'origine, sous les réserves prévues par les décrets sur le recrutement.

Article 2. Est réputé service extérieur :

Le service accompli hors de l'Indo-Chine, de l'Afrique occidentale française (y compris le Togo), de l'Afrique équatoriale française (y compris le Cameroun), par les militaires respectivement originaires de ces groupes.

Le service accompli hors de Madagascar et dépendances, de la Côte des Somalis, de la Nouvelle-Calédonie et dépendances, des établissements français de l'Océanie, par les militaires respectivement originaires de ces colonies.

Article 3. Sont seuls dispensés du service extérieur :

1° En principe, les militaires qui n'ont plus vingt-six mois (trente-six mois pour les Indo-Chinois) à accomplir avant leur libération ou l'expiration de leur contrat.

Cette durée est réduite à dix-huit mois pour les gradés sénégalais et malgaches.

Les gradés dont le tour de service extérieur arrive au cours de ces dix-huit mois doivent être invités à contracter à ce moment, dans les conditions prévues par les décrets sur le recrutement en vigueur, un rengagement les rendant disponibles pour le service extérieur; en cas de refus, ils ne seront autorisés ultérieurement à rengager qu'avec le grade inférieur ou comme tirailleurs, suivant le cas.

2° Les militaires en cours de contrat, rentrés depuis moins d'un an dans leur colonie d'origine, après un précédent séjour à l'extérieur;

3° Les militaires inaptes physiquement;

4° Les militaires qui en sont régulièrement exemptés par les décrets sur le recrutement en vigueur.

TITRE II.

FIXATION DE L'EFFECTIF DES CONTINGENTS ANNUELS DESTINÉS
A L'EXTÉRIEUR.

Article 4. Chaque année, au moment de l'établissement du budget de l'exercice suivant et au plus tard le 1ᵉʳ avril, le Ministre des colonies, après entente avec le Ministre de la guerre, fixe le contingent que chaque groupe de colonies doit envoyer à l'extérieur dans le courant de l'année suivante.

Le Ministre de la guerre fait connaître au Ministre des colonies pour le 1er juillet au plus tard, la répartition de ce contingent entre la métropole, l'Afrique du Nord et les théâtres d'opérations extérieurs, ainsi que l'époque de son envoi dans ces différents pays.

Article 5. Afin de permettre au Ministre de la guerre de fournir les renseignements ci-dessus, les chefs de corps et de services indigènes stationnés hors de la colonie d'origine établissent :

1° Le 1er mai de chaque année un état global des contingents trimestriels qui devront leur être envoyés dans le courant de l'année suivante pour tenir leurs effectifs au complet (modèle A ci-joint);

2° A la fin de chaque trimestre (15 mars, 15 juin, 15 septembre, 15 décembre), une situation faisant ressortir les remplacements exacts à effectuer au cours du trimestre suivant (modèle B ci-joint).

Ces états et situations sont transmis sans retard, en double expédition, par la voie hiérarchique au Ministre de la guerre, 8e Direction.

Article 6. Le Ministre des colonies notifie les renseignements visés à l'article 4 aux autorités locales qui déterminent en conséquence :

a) L'effectif total du contingent à appeler (article 4, 1er alinéa);

b) Les dates d'incorporation successives de ce contingent et la composition des différents détachements de relève (article 4, 2e alinéa).

Article 7. Le contingent annuel des militaires indigènes appelés à servir hors de leur colonie d'origine comprend :

1° Des militaires de carrière;

2° Des appelés.

Le Ministre de la guerre fixe, s'il y a lieu, et d'entente avec le Ministre des colonies, la proportion entre ces deux catégories de militaires.

TITRE III.

ÉTABLISSEMENT DES LISTES DE SERVICE EXTÉRIEUR.

Article 8. Il est établi, dans chaque corps et détachement de sections annexes, stationnés aux colonies, des « listes de service extérieur » sur lesquelles sont portés les militaires de carrière susceptibles d'être désignés pour l'extérieur.

Ces listes sont dressées suivant les instructions des généraux commandants supérieurs des troupes, en tenant compte des modalités prévues par les décrets sur le recrutement dans les différents groupes de colonies.

Article 9. Des instructions des généraux commandants supérieurs déterminent également le mode de participation des appelés au service extérieur en tenant compte des dispositions prévues à cet égard par les décrets sur le recrutement.

Article 10. Exceptionnellement, pour des raisons sérieuses, personnelles ou de service, les chefs de corps peuvent dispenser momentanément du service extérieur certains militaires qui y sont normalement astreints. En aucun cas, la durée de l'ajournement ne doit se prolonger au delà de la date après laquelle les intéressés deviendraient indisponibles pour le service extérieur.

Article 11. En cas d'envoi à l'extérieur d'unités constituées, les généraux commandants supérieurs des troupes aux colonies désignent le personnel indigène qui doit entrer dans leur composition, sans tenir compte du tour de service extérieur, en éliminant toutefois, sauf cas exceptionnel, et en remplaçant, au besoin, les militaires indiqués à l'article 3.

Article 12. Les généraux commandants supérieurs déterminent les corps ou les unités qui, exceptionnellement, en raison des circonstances locales, n'auraient pas à participer au service extérieur.

Ils en rendent compte au Ministre des colonies.

TITRE IV.

FORMATION ET MISE EN ROUTE DES DÉTACHEMENTS DE RELÈVE.

Article 13. Les mouvements de relève, aller et retour, s'échelonnent autant que possible, pendant la belle saison, du 1er mars au 31 août.

Les dates d'enlèvement de la colonie, le transport par mer, l'effectif des détachements font l'objet d'ordres spéciaux donnés par le Ministre de la guerre, d'entente avec le Ministre des colonies.

Article 14. Avant d'être désignés pour entrer dans la composition d'un détachement de relève, les militaires indigènes sont l'objet d'un examen médical approfondi.

Ils sont, en outre, contrevisités au port d'embarquement.

Article 15. Conformément à l'article 7 ci-dessus, chaque détachement de relève doit comprendre, en principe, des militaires de carrière et des appelés.

La proportion des gradés indigènes qui entrent dans la composition de ces détachements est réglée par les dispositions de l'article 64 de l'instruction du 28 mai 1920 sur l'avancement des hommes de troupe dans les troupes coloniales.

Pour les créations nouvelles, les instructions spéciales concernant ces créations fixent, dans chaque cas, l'effectif des cadres à fournir par la colonie d'origine.

Article 16. Le cadre de conduite des détachements de relève ou à rapatrier comprend, en principe, un officier, si le détachement compte au moins 200 hommes, un sous-officier européen et un sous-officier indigène par groupe de 100 hommes.

Ces cadres sont pris soit dans le personnel en service aux colonies, rapatriable pour fin de séjour, soit dans le personnel désigné pour les colonies.

Au besoin, cet encadrement est assuré par des instructions spéciales du Ministre de la guerre.

TITRE V.

DURÉE DU SÉJOUR A L'EXTÉRIEUR.

Article 17. La durée du séjour d'un militaire indigène, dans un pays à l'extérieur de sa colonie d'origine, compte du jour de son débarquement dans ce pays au jour de son embarquement en vue de son rapatriement.

Article 18. La durée d'un séjour ininterrompu à l'extérieur, quel que soit le point de stationnement (métropole, Afrique du Nord, ou théâtres d'opérations) ne peut, en principe, dépasser trois ans; sauf, dans le cas des prolongations régulières de séjour prévues à l'article 19 ci-après.

D'autre part, sauf en cas de force majeure, aucun militaire indigène ne peut être maintenu en service après l'expiration de ses obligations militaires (contrat ou appel).

En conséquence, les militaires indigènes libérables sont rapatriés en temps voulu pour jouir dans leur colonie d'origine, avant leur libération, des congés prévus à l'article 21 ci-après.

Les militaires indigènes non libérables sont rapatriés à l'expiration de leur troisième année de service extérieur.

Les gradés sénégalais et malgaches en service à l'extérieur, dont l'expiration du contrat qui les lie au service arrive avant la fin de la troisième année de séjour, sont invités à contracter aussitôt le rengagement spécial, prévu par les décrets sur le recrutement en vigueur, leur permettant de terminer le séjour; en cas de refus, ils ne seront pas autorisés à rengager, avec leur grade, après leur retour dans la colonie d'origine.

Mention de ce refus sera portée sur les pièces matriculaires des intéressés.

Article 19. Les militaires indigènes rapatriables volontaires pour continuer leurs services à l'extérieur, peuvent obtenir des prolongations successives de séjour d'un an. Ils sont alors admis, s'il y a lieu, à contracter, dans les conditions fixées par les décrets sur le recrutement en vigueur, les rengagements nécessaires leur permettant de prolonger leur séjour hors de leur colonie.

Les militaires indigènes autorisés à contracter les rengagements spéciaux prévus par les décrets susvisés, peuvent être maintenus à l'extérieur sans limite de durée.

Les autorisations de prolongation sont accordées par les chefs de corps.

Article 20. Les indigènes dont l'état de santé ne permet pas d'achever leur séjour réglementaire à l'extérieur, sont visités, contre-visités et renvoyés par anticipation dans leur colonie d'origine, où ils sont examinés à nouveau pour qu'il soit statué sur leur maintien au service, limité éventuellement à leur colonie d'origine, ou sur leur mise à la réforme.

Tout militaire ainsi rapatrié fera l'objet d'un rapport spécial (certificats de visite et de contre-visite joints), adressés par le chef de corps au général commandant supérieur des troupes, au moment du rapatriement.

TITRE VI.

CONGÉS APRÈS RAPATRIEMENT. — LIBÉRATIONS.

Article 21. Les militaires indigènes rapatriés après un séjour extérieur ont droit, à leur arrivée dans leur colonie, à un congé de fin de séjour.

La durée de ce congé est calculée à raison de quinze jours par année ou fraction d'année de plus de quatre mois passés à l'extérieur.

Toutefois, en vue de favoriser les indigènes, qui accomplissent un long service militaire, la durée du congé pour les militaires devant reprendre effectivement du service à son expiration (en particulier pour les engagés et rengagés), sera décomptée sur le taux de quinze jours par semestre de séjour extérieur, ou par fraction de semestre de plus de quatre mois.

Les délais de route s'ajoutent à la durée des congés.

Article 22. Les militaires indigènes libérables à la fin ou en cours de leur congé de fin de séjour sont libérés à la date d'expiration de ce congé. Ils sont maintenus dans leurs foyers, après ladite date, en congé sans solde, valable jusqu'à leur libération, lorsque, à la fin de leur congé, ils ont à accomplir moins de trois mois de service effectif, non compris les délais de route (aller et retour) nécessaires pour rejoindre une garnison.

Les militaires indigènes non libérables dans les conditions ci-dessus sont affectés, par les soins des généraux commandants supérieurs des troupes, à un corps de troupe de la colonie ou du groupe de colonies et rejoignent ce corps à l'expiration de leur congé de fin de séjour.

Article 23. En cas de rapatriements anticipés, dus à des cas de force majeure, tels que compression d'effectifs, les indigènes non rengagés peuvent, à l'expiration de leur permission, être placés en congé sans solde valable jusqu'à leur libération quelle que soit la date de celle-ci, si les crédits budgétaires ne permettent pas leur entretien dans la colonie.

Article 24. Les militaires indigènes servant en Afrique du Nord peuvent être libérés sur place, sous réserve d'autorisation préalable du commissaire résident général de la République au Maroc, du gouverneur général en Algérie ou du résident général de France en Tunisie.

Les demandes de ces militaires, appuyées d'une attestation constatant qu'ils ont trouvé un moyen d'existence dans le pays où ils désirent résider, devront être transmises à ces hautes autorités, revêtues de l'avis des chefs hiérarchiques, comportant toutes indications utiles sur la conduite et les aptitudes des intéressés.

En France, la libération des militaires indigènes sur place ne peut être qu'exceptionnelle; elle est réglée par l'instruction interministérielle du 4 avril 1919.

Dans tous les cas, les militaires ainsi libérés sur place conservent le droit au rapatriement, aux frais de l'Etat, pendant un an à compter du jour de leur libération.

TITRE VII.

DISPOSITIONS DIVERSES.

Article 25. Des instructions particulières fixent les régions dans lesquelles certains militaires indigènes, envoyés en service à l'extérieur, peuvent être autorisés à emmener leurs familles aux frais de l'Etat.

Article 26. Il y a lieu de se conformer aux dispositions en vigueur pour tout ce qui concerne la solde, les indemnités diverses, les congés, la matricule, etc., et toutes les questions administratives intéressant les militaires indigènes hors de leur colonie d'origine.

L'instruction du 18 octobre 1921 fixe les règles d'administration territoriale des militaires indigènes expatriés.

Article 27. Les dispositions de la présente instruction entreront immédiatement en vigueur, notamment pour la fixation de la durée du séjour des militaires indigènes actuellement en service à l'extérieur.

Sont abrogées : l'instruction du 26 septembre 1912 sur le service des militaires indigènes sénégalais à l'extérieur du territoire de l'Afrique occidentale française, ainsi que toutes les dispositions contraires à la présente instruction.

Le Ministre du commerce et de l'industrie,
chargé de l'intérim du ministère des colonies,
Lucien DIOR.

Le Ministre de la guerre,
MAGINOT.

Modèle A

MILITAIRES INDIGÈNES EN SERVICE A L'EXTÉRIEUR.

(Indication du corps.)

ÉTAT NUMÉRIQUE

des militaires indigènes qui seront à rapatrier entre
le 1er janvier 19   et le 31 décembre 19

	1er TRIMESTRE.	2e TRIMESTRE	3e TRIMESTRE	4e TRIMESTRE	TOTAUX.
Adjudants........					
Sergents					
Caporaux........					
Tirailleurs........					

A   , le 15 septembre 19

Le Chef de corps,

*Circulaire relative aux comptes rendus d'arrivée ou de départ
de tirailleurs indigènes en service à l'extérieur.*

(Direction des Troupes coloniales; Bureau technique.)

Paris, le 6 juin 1922.

En vue de suivre constamment les variations d'effectifs indigènes résultant des divers mouvements de relève, il y aura lieu
de se conformer, à l'avenir, aux prescriptions suivantes :

1° Chaque détachement de militaires indigènes fera, soit à
l'arrivée au corps, soit au départ du corps, l'objet d'un compte
rendu succinct, du modèle ci-dessous, établi par le chef de
corps intéressé et immédiatement adressé, par la voie hiérarchique, au Ministre de la guerre, 8ᵉ Direction, 1ᵉʳ Bureau;

2° La situation d'effectifs trimestrielle modèle B, dont l'établissement est prescrit par l'instruction n° 577 1/8 du 21 février
1922 (*Bulletin officiel*, page 595) ne sera plus fournie.

MODÈLE.

MOUVEMENT DE MILITAIRES INDIGÈNES EN SERVICE A L'EXTÉRIEUR.

Corps
ou
service {

Compte rendu relatif à l'arrivée (au départ) d'un détachement sénégalais (malgache), (indo-chinois) en provenance de (à destination de   ).

I. — Effectif du détachement.

	MILITAIRES DE CARRIÈRE.	ACCOMPLISSANT LEUR TEMPS de service légal.
Adjudants..................		
Sergents....................		
Caporaux....................		
Soldats.....................		

II. — Situation du régiment en indigènes après l'arrivée (le départ) du détachement ci-dessus.

	EFFECTIF RÉGLEMENTAIRE.	EFFECTIF RÉALISÉ.	DÉFICIT.
Adjudants..................			
Sergents.			
Caporaux....................			
Soldats......			

III. — Principales races dont est composé le détachement ci-dessus.

IV. — Etat sanitaire du détachement.

V. — Instruction (1) (paragraphe à supprimer dans les comptes rendus de départ).

VI. — Etat de l'habillement.

VII. — Pièces matriculaires [bien préciser si les pièces matriculaires sont arrivées (ou parties) avec le détachement].

VIII. — Divers (s'il y a lieu).

---

(1) Indiquer sommairement le degré d'instruction : anciens soldats, recrues de X... mois de service, spécialistes, etc...

*Circulaire relative à la relève et à l'administration des militaires
indigènes coloniaux mis à la disposition des services métropolitains, en France, sur le Rhin, en Algérie-Tunisie et aux
théâtres d'opérations extérieurs.*

(Etat-Major de l'Armée et Direction des Troupes coloniales;
Bureau technique.)

Paris, le 5 août 1922.

Les dispositions relatives à l'affectation à une unité coloniale
des militaires indigènes coloniaux mis à la disposition de services métropolitains, automobilistes, infirmiers, semblent avoir
donné lieu à des interprétations erronées sur les attributions res-
pectives des corps coloniaux d'affectation et des services employeurs, tant en ce qui concerne la relève de ces indigènes qu'en
ce qui concerne leur administration. La présente circulaire a
pour but de préciser ces attributions et de rappeler les principales règles d'administration intéressant les militaires indigènes
coloniaux des services métropolitains.

I. — AFFECTATION DES MILITAIRES INDIGÈNES
A UNE UNITÉ COLONIALE.

Cette affectation. conformé aux dispositions de la loi du 7
juillet 1900 a pour but de permettre la tenue d'un fichier unique
pour chaque catégorie (automobilistes, infirmiers) de militaires
indigènes en France et sur chaque théâtre d'opérations extérieur; on réduit ainsi les difficultés que rencontrerait la recher-
che urgente d'un renseignement d'ordre général concernant ces
indigènes par suite de leur dispersion.

C'est uniquement en vue de tenir à jour les fiches de position
des militaires indigènes que les corps d'affectation reçoivent des
unités ou formations métropolitaines employeurs avis de toutes
les mutations concernant ces militaires : dates du débarquement
en France. dates d'arrivée à l'unité, rengagement, avancement,
dates de rapatriement, changement de corps, etc...

Mais les corps coloniaux d'affectation n'ont à s'ingérer en
rien dans l'administration des militaires indigènes, administration qui relève exclusivement des services employeurs.

Les corps coloniaux d'affectation sont :

1° En France :

Le 3ᵉ régiment d'artillerie coloniale pour les automobilistes indo-chinois au service de l'artillerie stationnés en France et sur le Rhin;

La section des infirmiers coloniaux pour tout le personnel indigène, automobilistes et infirmiers, du service de santé;

La section des commis et ouvriers d'administration des troupes coloniales pour tout le personnel indigène du service de l'intendance.

2° En Algérie-Tunisie :

Les 10ᵉ et 15ᵉ régiments de tirailleurs sénégalais pour tous les indigènes des services;

3° *Sur les théâtres d'opérations extérieurs :*

a) Au Maroc :

Le 1ᵉʳ régiment d'artillerie coloniale du Maroc, pour les militaires indigènes du train; respectivement les détachements autonomes de commis et ouvriers d'administration et d'infirmiers coloniaux du Maroc pour les militaires indigènes des services de l'intendance et de santé;

b) Au Levant :

Le 11ᵉ régiment d'artillerie coloniale malgache, pour les militaires indigènes du train; le détachement autonome de commis et ouvriers d'administration coloniaux du Levant pour les militaires indigènes du service de l'intendance;

La section d'infirmiers coloniaux de Marseille pour les militaires indigènes du service de santé.

c) A Constantinople :

Le 12ᵉ régiment de tirailleurs sénégalais, pour les militaires indigènes de tous les services.

II. — Relève des militaires indigènes des services métropolitains.

L'état modèle A annexé à l'instruction du 21 février 1922 (*Bulletin officiel*, page 595), dont les renseignements servent de base au calcul des effectifs à recruter chaque année, est établi par l'unité ou la formation employeur et adressé, à la date fixée, au Ministère de la guerre, sous le timbre de la Direction intéressée (3ᵉ, 5ᵉ ou 7ᵉ Direction).

Par date de rapatriement, il faut entendre la date à laquelle le militaire indigène doit être rendu au port d'embarquement.

Cette date est calculée de telle sorte que le militaire indigène rapatrié, *pour cause de fin de contrat*, avant d'avoir accompli ses trois ans de service extérieur, puisse avant le jour de sa libération :

1° Effectuer la traversée de retour;

2° Bénéficier de la totalité de son congé de fin de séjour (soit trois ou quatre mois environ du jour de son embarquement au jour de sa libération).

Le militaire indigène rapatrié quitte l'unité ou la formation employeur environ un mois avant la date de son rapatriement; il est dirigé sur le 73° bataillon de transition, à Fréjus.

Le remplacement des militaires indigènes rapatriés sera effectué par les soins de l'administration centrale du ministère de la guerre (3°, 5° ou 7° Direction).

III. — ADMINISTRATION DES MILITAIRES INDIGÈNES.
DES SERVICES MÉTROPOLITAINS AVANT LEUR ARRIVÉE AU CORPS.

Les militaires indigènes recrutés aux colonies au titre des services métropolitains sont à la charge du budget des troupes coloniales *du jour de leur embarquement inclus à la colonie au jour de leur débarquement en France, ou sur un théâtre d'opérations extérieur (sans transit pour la France) exclu.*

Les militaires indigènes directement débarqués sur un théâtre d'opérations extérieur sont immédiatement dirigés sur une formation du service employeur.

Les militaires débarqués en France sont, en principe, dirigés sur Fréjus avant d'être mis à la disposition du service employeur.

Pendant leur séjour à Fréjus, ils sont pris *en subsistance*, solde et vivres, au compte des services employeurs, par le 73° bataillon de transition, qui n'a, en principe, aucune autre opération administrative à effectuer à leur égard.

La régularisation de l'imputation est faite par les soins de l'administration centrale du Ministre de la guerre.

IV. — ADMINISTRATION DES INDIGÈNES APRÈS LEUR ARRIVÉE AU CORPS.

Les unités ou formations métropolitaines qui emploient des indigènes se conformeront aux règles suivantes pour l'administration de ce personnel.

1° *Avancement.* — Les dispositions relatives à l'avancement des militaires indigènes sont définies par l'instruction du 28 mai 1920 (*Bulletin officiel*, page 1859).

Les mesures de détail relatives à l'établissement des tableaux d'avancement sont arrêtées par les généraux commandants de corps d'armée dans la métropole, par les généraux commandant en chef à l'armée française du Rhin et sur les théâtres d'opérations extérieurs.

Les chefs de corps font les nominations en se conformant aux prescriptions suivantes :

a) Le nombre de soldats de 1re classe peut atteindre 1/8e de l'effectif indigène total;

b) Le nombre maximum de gradés est de :

Un adjudant pour cent hommes, un sergent pour vingt hommes, un caporal pour dix hommes.

2° *Rengagement.* — La durée des rengagements que peuvent contracter les militaires indigènes des services métropolitains est fixée par les divers décrets sur le recrutement (décrets du 30 juillet 1919 pour les Sénégalais, *Bulletin officiel*, page 2480; du 4 décembre 1919 pour les Malgaches, *Bulletin officiel*, page 3899; du 1er novembre 1904 pour les Indo-Chinois recrutés au Tonkin et en Annam, *Bulletin officiel*, page 1595; du 28 août 1908 pour les Indo-Chinois recrutés en Cochinchine, *Bulletin officiel*, page 1622).

Les rengagements spéciaux donnant droit aux congés de trois mois, prévus à l'article 21 du décret du 4 décembre 1919, ne sont jusqu'à nouvel ordre, accordés qu'aux Malgaches.

Les Malgaches bénéficiaires de ces congés de trois mois sont dirigés sur Fréjus, aux fins d'embarquement pour la colonie d'origine, lorsqu'ils ont accompli intégralement trois ans de séjour extérieur *sans interruption.*

A leur retour en France, leur congé terminé, ils rejoignent directement la formation dans laquelle ils étaient en service au moment de leur envoi en congé.

Les rengagements sont reçus au titre du corps colonial d'affectation, par les formations métropolitaines dans lesquelles les militaires indigènes sont en service, sans qu'il y ait lieu de demander le consentement du chef de corps d'affectation.

3° *Libérations.* — Ainsi qu'il résulte des dispositions de l'instruction du 21 février 1922 (*Bulletin officiel*, page 595), aucun militaire indigène ne peut, en principe, être libéré hors de sa colonie d'origine.

Les militaires indigènes qui, aux termes de l'instruction confidentielle n° 8549 1/8 du 4 avril 1919, demanderaient *à titre tout à fait exceptionnel*, à se faire libérer en France doivent produire, à l'appui de leur demande, deux mois avant la date normale de leur rapatriement, un contrat d'engagement ferme au service d'un employeur civil.

L'employeur doit s'engager à rapatrier à ses frais le militaire indigène, en fin de contrat.

Toutefois, le rapatriement reste aux frais de l'Etat si le contrat est rompu moins d'un an après la libération du militaire indigène.

La demande de libération en France et les pièces justificatives jointes sont adressées à l'administration centrale du ministère de la guerre (8° Direction).

4° *Congés et permissions.* — En dehors des congés pour fin de séjour fixés à l'article 21 de l'instruction du 21 février 1922 (*Bulletin officiel*, page 595), des permissions de 8 jours peuvent être exceptionnellement accordées à des militaires indigènes pour en jouir à Paris, au centre d'hébergement du 23° régiment d'infanterie coloniale.

Une circulaire annuelle (1) fixe les conditions dans lesquelles sont accordées ces permissions.

5° *Solde. Haute-paye. Primes de rengagement.* — Les droits des indigènes à la solde et à la haute paye sont établis d'après les dispositions du décret du 26 juillet 1921 (*Bulletin officiel*, page 2679).

La solde est unique par grade sans distinction d'arme ni d'origine.

Le premier échelon de haute paye et le supplément de haute paye est payé après la durée du service réglementaire, c'est-à-dire jusqu'à nouvel ordre :

Pour les Malgaches au commencement de la 4° année de service;

Pour les Indo-Chinois recrutés en Cochinchine au commencement de la 4° année de service;

Pour les Indo-Chinois recrutés au Tonkin et en Annam, au commencement de la 6° année de service.

---

(1) Pour 1922 : circulaire 1367 1/8 du 5 mai 1922.

Tous les tirailleurs en service en France, à l'armée française du Rhin, en Algérie-Tunisie et sur les théâtres d'opérations extérieurs, ont droit, en plus de la solde et de la haute paye, à l'indemnité de service extérieur.

Le payement des primes de rengagement est effectué, conformément aux dispositions des décrets du 30 juillet 1919 pour les Sénégalais, du 4 décembre 1919 pour les Malgaches, des 1ᵉʳ novembre 1904 ou 28 août 1908 pour les Indo-Chinois suivant qu'ils ont été recrutés au Tonkin-Annam, ou en Cochinchine.

6° *Alimentation.* — Les règles à appliquer en ce qui concerne l'alimentation des militaires indigènes font l'objet de l'instruction du 30 décembre 1916 (*Bulletin officiel,* page 1015), modifiée les 26 avril 1917 (*Bulletin officiel,* page 1105), 8 mars 1918 (*Bulletin officiel,* page 746) et 28 avril 1922 (*Bulletin officiel,* page 1393).

La prime d'alimentation à attribuer aux indigènes est fixée semestriellement; le taux est inséré avec le tarif de remboursement des denrées du service des subsistances. Ce tarif comprend la prime fixe, mais non la prime de viande.

Le service de l'intendance ne fournit plus aucune denrée d'origine coloniale; les corps doivent donc se procurer dans le commerce celles qui leur sont indispensables.

Lorsqu'une formation métropolitaine ne compte qu'un nombre d'indigènes insuffisant pour former un ordinaire, ces indigènes touchent la prime d'alimentation prévue pour les Européens et sont nourris dans les mêmes conditions que les autres militaires de la formation.

7° *Habillement.* — A leur départ de la colonie, tous les militaires indigènes allant servir à la disposition des troupes métropolitaines (automobilistes et infirmiers) reçoivent les effets qui leur sont nécessaires dans les conditions fixées par l'intruction du 14 décembre 1920.

Au jour de leur embarquement pour la France, ils cessent d'être soumis au régime de la masse individuelle, qu'ils ne reprennent qu'au jour de leur embarquement en France pour la colonie; ils sont, pendant ce temps, soumis au régime de l'habillement des troupes métropolitaines et au compte du budget des troupes métropolitaines.

Leurs masses seront en conséquence conservées par les corps des colonies dans les mêmes conditions que celles des militaires allant servir au corps d'occupation de Constantinople et à l'armée française du Levant.

Si, pendant la durée de leur subsistance dans un corps colonial en France, en attendant leur mise en route sur leur corps d'affectation, ou pour toute autre raison, il est nécessaire de leur délivrer *exceptionnellement* des effets, le remboursement par le budget de l'habillement des troupes métropolitaines de la valeur de ces effets est poursuivi par les soins de l'administration centrale sur production d'états justificatifs.

Il est rappelé que les militaires dont il s'agit, au moment de leur départ des corps métropolitains pour rejoindre la colonie. doivent être en possession d'une collection d'effets équivalents à celle qu'ils ont apportée à leur arrivée (instruction du 14 décembre 1920 susvisée).

8° *Discipline. Conseils de guerre.* — Les militaires indigènes sont soumis aux mêmes règles disciplinaires que les militaires français;

Toutefois, pour les désertions, l'envoi du signalement de désertion doit être limité au commandant supérieur des troupes de la colonie d'origine, à la gendarmerie de la localité où l'indigène s'est rendu en permission, aux autorités militaires des ports d'embarquement, et aux Ministres de l'intérieur et de la guerre.

9° *Pièces matriculaires.* — Les pièces matriculaires doivent accompagner les militaires indigènes au cours de leur traversée, soit de la colonie en France, soit de France à la colonie.

Au débarquement en France, le dépôt des isolés coloniaux envoie la fiche de position au corps d'affectation; le livret matricule accompagne le militaire à la formation employeur.

Au retour dans la colonie d'origine, le livret matricule accompagne d'abord à Fréjus puis au port d'embarquement le militaire rapatrié. Le corps d'affectation, prévenu du rapatriement par les soins de la formation employeur, fait parvenir la fiche de position au dépôt des isolés coloniaux du port d'embarquement.

10° *Relations des militaires indigènes avec les autorités civiles ou militaires de la colonie d'origine.* — Toute demande adressée à une autorité civile ou militaire de la colonie, quel que soit son objet (distinctions honorifiques. questions de famille, questions de recrutement. situation militaire, etc...), doit être transmise au Ministre de la guerre, (8° Direction).

TABLES

TABLE CHRONOLOGIQUE

TABLE ALPHABÉTIQUE

D

I

J

L

M

O

P

www.ingramcontent.com/pod-product-compliance
Ingram Content Group UK Ltd.
Pitfield, Milton Keynes, MK11 3LW, UK
UKHW021905070726
13613UKWH00001B/348